JN409391

단, 하루만이라도

단, 하루만이라도

한성덕 수필집

■ 책머리에

첫 수필집 『단, 하루만이라도』를 선보이며 책을 펴내는 게 결코 쉽지 않음을 새삼 느꼈다. 여러 권의 책을 낸 분들에 대한 부러움과 함께 존경심마저 내 안에 들어왔다.

어려움이 따르더라도 책을 내야겠다는 생각을 버릴 수 없었다. 욕심인가. 자랑인가. 조급증인가? 젊은 색시가 아이를 갖고 싶어 하는 마음, 바로 그 심정일 뿐이다. 그저 낳기만 하면 되는 것이 아님을 누군들 모르겠는가?

책으로 나올 수필을 탈고脫稿했다. 먼저 아내에게 설명하고 축하를 받았다. 두 딸과 사위에게서도 '우리 아빠 최고야 화이팅!' 하는 응원이 있었다.

이런 상황에서 수필에 따른 평을 부탁하려고 지도 교수님께 몇 편을 드렸다. 신아 출판사에 맡기려고 상담까지 했다. 마음의 준비도 되어 있었다. 이제 '맡기면 되겠다.' 싶은데, 자꾸만 컴퓨터에 수록된 수필에 마음이 갔다. 미심쩍은 게 틀림없었다. 원고를 보면 수정할 것이 또 나올 텐데 '이건 아니다'는 생각을 했다. 처음 시도할 때는 그런가 보다. 그래서 처녀작이 몹시 신경 쓰이고 용기와 결단이 더 필요한가 보다.

지금 우리는 정보의 홍수시대에 살고 있다. 온갖 매체에서 별별 것을 다 쏟아낸다. 서적은 안 그런가? 수없는 책들이 더미를 이룬다. 읽을거리들이 주변에 널려 있다. 그러니 "또 무슨 책이냐?" 질타당할 만하다. 그리고 수필의 대부분은 자기 이야기들인데 '그것을 누가 읽겠는가?'하는 나무람도 있으리라.

그런데도 기어이 수필집을 내려고 하는 이유가 무엇일까? 단 한 사람이라도 내 글을 읽고, 감동했다는 칭찬듣기를 기대하는 마음 때문일 것이다. 하지만 그마저도 욕심일 터이니 다 내려놓아야 한다. 수줍은 듯 그저 세상에 한 줄, 살포시 내 민얼굴로 만족하면 그만이다.

수필집이 나오기까지 물심양면으로 고마운 분들이 많다. 신아 문예대학의 김학 교수님은 훌륭한 지도를 해주셨다. 평생을 잊지 못할 내 인생의 마지막 스승이다.

아내는 내 수필의 첫 번째 독자로서 남편의 글을 퍽 좋아한다. 매우 헌신적이지만 컴퓨터에 관한한 탁월한 실력자여서 아내의 도움이 절대적이다.

문우들의 칭찬과 함께 비판도 매섭게 작용한 점을 높이 평가한다. '신아 문예 대학'을 개설한 신아 출판사의 배려와 적극적으로 협력하시는 서정환 사장님께 진심 어린 찬사를 보낸다.

사랑하는 두 딸과 사위의 평안을 기도하며 응원에 감사한다. 우리 형제들의 깊은 관심과 포근한 우대가 고맙다. 내가 섬기는 "은혜림 교회"의 성도들 역시 고맙긴 마찬가지다.

잊을 수 없는 몇몇 친구가 있다. 이현규 목사님 내외분이 종종 우리 집에 오시면 수필을 찾는다. 글이 글 같지 않을 때도 있으련만 낭송이 끝나면 박수와 함께 늘 칭찬이다. 낭독이 끝나면 빙긋이 웃음 짓고 엄지 손가락을 치켜세우던 김재곤 목사님도 있다. 그리고 권순철, 조재일 두 목사님을 빼 놓을 수 없다. 이들 모두 친구이면서 내 인생의 버팀목이자 힘이 되고 있다.

그러나 무엇보다 큰 관심은 모친이신 손분례 권사님께 있다. 아흔 두 살의 연세에도 총기가 또렷하시고 정정하시다. 큰 아들로서 어머니에게 내 첫 수필집에 봉정할 수 있다는 게 무엇보다도 행복하다. 다소나마, 낳아주신 은혜에 보답하고 위로해 드리는 차원에서, 사랑하는 어머님께 이 책을 기꺼이 헌성獻誠하고자 한다.

이 글을 대하는 독자들이 어떻게 반응할지 궁금하다. 험난한 세상길에서 절름거리지 않고 제대로 걸을 수나 있을지 매우 의심스럽다.

그렇다 해도, 이 글을 대하는 모든 독자들에게 하나님의 축복과 평강이 있기를 바라며, "단, 하루만이라도" 라는 처녀 수필집을 살포시 내밀어 본다.

2016년 10월의 어느 날에

■ 차례

1부 우리끼리

2부

포옹

3부

행복한 만남

4부

언어의 향기

5부 사돈

6부

눈물의 삼계탕

7부

결혼, 그 첫날밤에

1부

우리끼리

주변의 여러 친구들을 만나지만 내가 목사이니 모두가 목회자들이다. 그저 우리끼리다. 그들과 만나고 그들의 세계에서 교감한다. 만나면 포근하고 편안해서 좋다. 우리의 대화는 목회의 틀을 벗어나지 못한다. 가끔은 시국을 논하기도 하고 교인들의 어깃장나는 이야기도 나눈다. 그래도 웃음꽃이 만발하고 서로의 신뢰감으로 늘 훈훈하다. 우리끼리 어울려 사는 재미가 있다.

우리끼리

'우리끼리'에서 '끼리'란, 함께 패를 지어 다니는 것을 뜻한다. 수필을 배우면서 교수님께 첫 번째 써 올린 글의 제목이다. 인생은 그 범주 안에 있다.

주변의 여러 친구들을 만나지만 내가 목사이니 모두가 목회자들이다. 그저 우리끼리다. 그들과 만나고 그들의 세계에서 교감한다. 만나면 포근하고 편안해서 좋다. 우리의 대화는 목회의 틀을 벗어나지 못한다. 가끔은 시국을 논하기도 하고 교인들의 어깃장나는 이야기도 나눈다. 그래도 웃음꽃이 만발하고 서로의 신뢰감으로 늘 훈훈하다. 우리끼리 어울려 사는 재미가 있다.

부모의 믿음 탓에 태어나면서부터 기독교 신자가 되었다. 소위 모태신앙이다. 그래서일까? 지금까지 허툰 짓에 관심을 가진 적이 없다. 오롯이 가정과 교회와 학교만이 나의 삶의 터전이요, 전부인 것처럼 살아왔다. 장년을 지나 노년시절로 접어들었으나 결코 예외는 아니다. 오늘도 기독교 안에서 우리만의 삶을 살고 있다. "우리끼리"일 뿐이다. 대학교와 대학원 역시 신학 대학이었으니 더더욱 우리끼리였다.

이제 내 나이 육십을 훌쩍 넘었다. 오십대를 들어서면서부터 이런 생각을 했다. "교회 밖의 친구들은 무슨 재미로 어떻게 살까?" 몰라서가 아니다. 상상만으로는 싫었다. 그들끼리 사는 모습이 몹시 궁금했다. 그래서 초등학교나 중 · 고등학교 동창회에 열심히 참석하기 시작했다. 믿는 자들도 있으나 대부분은 불신 친구들이다. 아내는 '세상 친구들을 뭘 그렇게 만나느냐.' '숨겨 놓은 애인이라도 있느냐'고 늘 구시렁거린다.

그래도 만나고 싶은 걸 어떡하나? 그들의 내면을 들여다보면서 세상의 이런저런 이야기를 듣고 싶다. 목회자들의 세계에서 벗어나 세상의 단 소리나 쓴소리를 듣고 싶은 것이다.

그들을 만나면 으레 권유 받는 게 있다. 먼저는 담배요, 다음은 술잔이다. 그것이 예의요 따뜻한 정감이자 인간미로 여기는가 보다. 목사임을 안 뒤에는 대개의 경우 슬그머니 술잔을 내려놓는다. 미안한 마음을 표하기도 한다. 그러나 '목사면 어떠냐'고 기어이 '한 잔 받으라'는 친구가 꼭 나타난다. 그것을 강경하게 거절하면 다른 음료를 권하면서 반드시 묻는 말이 있다.

"야! 담배도 안 피우고 술도 안 마시면 인생을 무슨 재미로 사냐?"

마치 그런 것을 해야만 삶이 기쁘고 흥겨우며 인생을 논할 자격이라도 있는 듯이 말한다. 그럴 때면 '담배를 피우고 술을 꼭 마셔야지 재미있게 사는 것이냐?'는 말이 목구멍까지 차오르지만 그날의 분위기를 생각해서 잠재운다. 재미란 가치관의 차이일 뿐이지 '무엇을 먹느냐?'로 결정되는 것은 아니라는 생각이다. 나이가 이쯤 되어 이제는 또 다른 끼리와 함께 어울려 보기로 했다. 그래서 글을 쓰고 싶어 한 까닭에 수필 쓰는 사람들에게로 다가갔다.

"나이가 들었다고 내치면 어쩌지?"하는 걱정(?)은 기우에 지나지 않았다. 20명 가까이 되는 수강생들 중에 가장 어린 측에 들었다.

실은 신아 출판사나 수강생들은 물론이요, 그 명성과는 달리 김학 지도 교수님도 첫 대면이다. 어색한 만남이요, 생소한 자리여서 쭈뼛거려졌다. 그것은 나이가 들어도 어쩔 수 없나 보다. 목사로서 어떻게 처신해야 할지 당황스러웠다. 운신의 폭을 생각하니 좁은 공간에 나 홀로 있는 듯 외로움도 느꼈다. 그러면서도 유치원생 같은 기분이었다. 아마 나의 명랑한 성격 탓에 금방 어울리고 잘 적응해 가리라 믿어 의심치 않는다.

첫 만남치고 매우 안정적이고 차분해서 안심이었다. 모든 이들의 포근함과 서글서글한 분위기가 좋았다. 인생을 살만큼 살아 온 자들이요, 글을 쓰고 싶어 하는 사람들의 모임이란 것을 실감했다. 이래서 나는 또 다른 끼리들 속에 살그머니 녹아들어야 하리다.

(2015. 3. 5.)

칭찬이 주는 힘

지도 교수님의 수필 강의는 매우 진지하다. 우리에겐 늘 '칭찬'해야 하는 숙제가 있다. 칭찬을 듣다 보면 행복해진다며 매 시간마다 어김없이 숙제를 점검하신다.

영국에 유명한 신문 〈런던 타임스〉가 있다. 어느 날 "이 세상에서 가장 행복한 사람은 누구인가?" 라는 제목으로 국민의 의견을 수렴했다. 우리의 일반적인 생각으로는 '돈 많은 사람, 권력을 잡고 휘두르는 사람, 아니면 돈 많이 버는 의사, 변호사, 사업가'를 말 할 것 같은데 그렇지 않았다. 참 신기했다. 그들에게서는 정치인이나 재벌가나 사업가, 또는 귀족이나 박사 등은 전혀 포함되지 않았다. 우리의 정서와는 사뭇 달라서 놀랐다.

가장 행복한 사람은 과연 누구인가? 제4위는 생명이 위독한 환자를 수술로 방금 살려 낸 의사. 3위는 섬세한 공예품을 완성하고 휘파람을 불며 일어서는 목공. 2위는 아기를 깨끗하게 목욕시키고 몸에 분을 살짝 살짝 발라주며 방긋이 미소 짓는 엄마였다. 그리고 빛나는 1위는 모래성을 막 시작해서 이제 금방 완성한 어린아이였다고 한다. 그들은 결국 '인간의 보람은 가장 작은 일이라 해도 그것을 완성했을 때 큰 행복이 찾아온다' 는 생각인 것 같다. 이 같은 맥락이라면 내가 곧 행복한 사람이 아닌가?

수십 년 동안 설교를 하고 있다. 지금까지 설교 원고만큼은 컴퓨터를 이용하지 않고 손으로 쓴다. 대지臺紙에 몇 자 적는 정도가 아니라 토씨 하나까지 다 기록한다. '그 좋은 문명의 혜택을 마다하고 왜 그러느냐'고 묻는다면 뾰족한 대답은 없다. 그저 좋아서 하는 것인데 굳이 말하자면 영성이 손끝을 타고 나간다고나 할까? 매 주일 아침과 저녁이나 수요일, 또는 금요일 밤과 매일의 새벽시간 설교를 준비한다. 거기에서 설교 한 편을 마칠 때마다 찾아오는 행복감은 설교자만이 느끼는 쾌감일 것이다.

요즘에 와서 또 하나의 행복감이 생겼다. 신아 문예대학에 입학해서 수업시간의 그날을 기다리며 설레는 마음이다. 그 기쁨에서 글 쓰는 법을 배워 한 편의 수필을 쓰고 나면 이루 말 할 수 없는 행복감이 찾아든다. 예전에 느껴보지 못한 색다른 감정이다. 입가에 번지는 잔잔한 미소와 함께 탄성이 저절로 나온다.

실은 모 지방 일간지에 오랫동안 칼럼을 게재했었다. 문인은 아니지만 목사라는 신분 때문이었다. 독자들로부터 호평을 들은 바도 있다. 그러나 마음 한 구석에는 '내가 무슨 글을 다 쓴다지?' 하는 편치 않은 생각이 늘 도사리고 있었다. 국문학을 전공했거나 글 쓰는 법을 배운 적이 없었던 탓이다. 어떤 때는 글을 내놓긴 했어도 '너무 치졸한 글은 아닌가.' 하는 생각에 짓눌린 때도 있었다. 글에 대한 전문인의 평가를 단 한 번도 받아 본 적이 없었기 때문이다.

그러나 수필 전문 교수의 칭찬을 듣고 난 뒤부터는 생각이 달라졌다. 그 칭찬이 성실하게 끝까지 잘 쓰라는 격려로 알고 겸허한 마음을 가지려고 한다. 이제 겨우 아장 아장 걸음마를 막 시작한 아기일 뿐이다. 가야 할 길은 멀고 앞은 보이지 않는데 어쩌란 말인가? 마치 세상 물정 모르고 깝죽거리는 철부지 새내기 같은 느낌이다.

새싹을 보았다. 겨우내 움츠렸던 식물이 하늘의 은총에 따라 슬그머니 고개를 내밀고 있다. 봄기운이 그를 일으켜 세웠다. 꽃을 피우기 위해서는 무수한 세력들로부터 수없는 난타질을 당할 것이다. 그래도 묵묵히 참고 있기에 그 아름다운 향기를 뿜어 내지 않던가?

그 교훈이 나를 새롭게 했다. 수필로 인하여 이리저리 난도질을 당할 것이다. 거센 폭풍우가 세차게 밀려올 것이다. 그렇다 해도 꾹꾹 참아야 한다. 내일의 꽃망울을 기대하고 인내하는 저 새싹처럼 말이다. 어쨌든 난 끝까지 달려갈 것이다.

한 편의 수필을 쓰고 난 뒤의 행복과 함께 칭찬이 주는 이 큰 기쁨이 날 기다리고 있다. 그것을 동시에 가져 보려고 한다. 글을 쓰고 또 쓰면서 말이다. 수필의 지도를 잘 받자. 지혜를 모으자. 그리고 사색의 폭을 점점 넓혀 나가자. 이제 나는 더욱더 바빠질 것 같다.

(2015. 3. 28.)

새해의 소망(2016년)

얼굴은 그 사람의 거울이다. 사람의 인격이 오롯이 묻어나기 때문이다. 초면임에도 불구하고 몇 마디의 대화로 '목사님이냐'고 묻는 사람이 있다. 목사다움이 스멀스멀 피어오르는가 보다. 사람이라면 누구든지 수십 년 동안 살아온 세월의 희로애락喜怒哀樂이 얼굴에 고스란히 새겨져 있음을 느낀다.

미국의 16대 대통령이었던 에이브러햄 링컨(1809. 2.~ 1865. 4)의 이야기다. 어느 날 아주 가까운 친구의 부탁을 받고 한 사람을 만나기로 했다. 약속된 날 사무실에 들어서는 순간 밑도 끝도 없이 그냥 돌려보냈다. '무슨 이유로 그랬느냐?'는 친구의 말에 엷은 미소를 머금고 그랬다. '사람의 나이 40세가 지나면 자기 얼굴에 대한 책임을 져야 하는 걸세'라고 말이다.

2016년에는 원숭이들의 기가 세질 전망이다. 병신년의 '원숭이 해'라 하지 않는가? 그렇잖아도 ○○ 선교사로 가 있는 큰 딸이 어느 날 원숭이들의 습격을 받았다고 기염을 토하며 전화를 한 적이 있었다. ○○ 원숭이 종種은 사납기로 소문이 나 있어 먼저 들어 온 선교사들의 첫 번째 경고가 원숭이를 조심하라는 주의라고 했다.

새해의 화두는 어딜 가든지 단연코 꿈 이야기다. 꿈이 듣기는 퍽 좋으나 좋은 것만큼 쉬운 것은 아니다. 꿈은 희망이고 기대이면서 어느 면으로는 좌절이기도 하다. 많은 사람들이 갖가지 꿈을 말할 것이다. 금연을 다짐하고 금주를 선언하겠지. 도박에 혼쭐나고 주식 투자로 요절났다면 이를 악 물겠지. 거덜 난 노름에 몸서리 치고 가정 파탄의 빌미를 제공했다면 단단히 후회하며 일어서고자 하겠지. 그러나 내게는 그럴 일이 전혀 없다. 생래적으로 그런 것인지 아니면 목회자여서 그렇게 된 것인지는 모르겠다. 먼 나라 이야기일 뿐이다. 그래서 요즘엔 젊을 때와는 달리 별다른 꿈도 계획도 없이 살고 있다. '그저 주어진 일에 성실히 살자'는 게 전부다. 인생을 살만큼 살았다는 나이 탓이리라는 생각이 드는 대목이다.

그러나 올해는 색다른 것 때문에 마음이 바빠질 전망이다. 인생 60을 넘게 살아오면서 여러 측면의 설렘이 있었지만, 매우 이색적인 게 있어 벌써부터 나를 콩닥거리게 한다. 종합 문예지 '대한문학'으로부터 '신인에 당선되었다'는 낭보가 있었다. 2월 말의 계간지 봄 호가 출간 되면 내 글이 실린다고 했다. 드디어 수필가의 대열에 입문하나 보다. 등단 기념으로 4월 초순쯤 첫수필집을 가만히 내밀고 싶다.

아직은 까칠하고 어설프다. 갓난아이 수준에 불과하다. 그럼에도 불구하고 진행하려는 생각이다. 지도하시는 김학 교수님이 불어 넣어 주시는 용기와 격려가 힘이 된다. '천 리 길도 한 걸음부터'라는 말처럼 첫 발의 내디딤이 중요하다고 본다. 어쨌든 처녀작을 내 놓아야 그 다음을 또 시작할 수 있다는 생각이다. 존재론적 가치관이라고나 할까? 이래서 마음가짐이 필요한 것이고 괜스레 마음이 분주해지는 이유다.

또 다른 계획이 있다면 얼굴에 대한 책임을 지려는 것이다. 지금까지도 늘 명랑하고 유쾌하게 살아 왔다. 누구를 만나든지 내 특유의 어눌함으로 전하는 말이 '반갑사옵나이다' 하는 인사법이다. 그것이 순간의 분위기를 야들야들하게 하고 웃음을 갖게 한다. 가는 곳마다 그런 분위기로 좌중을 한 번쯤 미소 짓게 하는 웃음 전도사로 살고 싶은 것이다.

아내와 함께 미장원에 갔다. 젊은 새댁이 한 미용사를 두고 운영하는 곳이다. 중년 아주머니는 파마를 하고 총각은 산뜻하게 머리를 가다듬고 있었다. 문을 열고 들어서자마자 '반갑사옵나이다. 새해 복 많이 받으시와요.' 그랬다. 어눌한 말투로 약간의 코맹맹이 소리를 흘렸더니 단박에 시선이 집중되었다. 아이들 두어 명이 눈을 똥그랗게 뜨고 환한 미소를 머금었다. '텔레비전에서 들어본 목소리'라며 힐끔힐끔 처다 본다. 다시 한 번 해주기를 바라는 눈치여서 그저 싱긋이 웃는 것으로 분위기를 가라앉혔다.

이렇게 사는 것이 새해의 또 다른 계획이라면 계획이요 소망이다.

대단하고 거창한 것보다 책임지는 얼굴을 만들어 가고 싶은 것이다. 그래서 '웃음의 향기를 좀 더 진하게 풍기자. 항상 기뻐하고 늘 노래하며 싱글벙글하면서 좀 더 웃자. 거기에 사랑과 기쁨이 넘실거리고, 하늘의 천사가 살그머니 내려와 내 볼을 어루만져 줄 것이다.' 하는 새해의 소망을 갖게 되었다.

(2016. 1. 10.)

그놈 인사 한 번 잘한다

인사의 중요성을 잘 아는 터라 매우 중요시하고 산다. 50대 초반부터 회갑 기념으로 칼럼집을 내려고 했다. 지방 신문에 기고했던 7년 동안의 칼럼 원고를 모으면 되기 때문이다. 제목은 "그 참 인사 한 번 잘한다"였다. 60세가 넘었으나 여전히 마음뿐이다. 굳이 이유를 밝힌다면 쑥스러움 때문이다. '이렇게 젊고 건강한데 무슨 회갑을 챙기고 기념 출판이냐?' 하는 자조自嘲가 내 마음을 늘 묶어 놓았다.

2013년 9월, 91세로 세상을 떠나신 아버지 생각을 이따금씩 한다. 그 중 잊을 수 없는 것이 어릴 때부터 늘 하시던 말씀으로 '인사'요 '나눔'이다.

"동네 어른들을 만나면 정중하게 인사해라. 한 번만 하지 말고 두 번이고 세 번이고 만날 때마다 해라. 인사만 잘해도 사랑받는다. 그리고 먹을 것이 있으면 반드시 나누어 먹어라. 그래야 가까운 이웃이 되고 친한 벗이 된다.”

20호에 불과한 우리 마을은 전형적인 무주의 두메산골 첩첩산중이다. 동네를 가르는 신작로가 있고 안쪽으로는 초등학교가 있었다. 학교 옆과 도로변에 가게가 하나씩 있었다. 그것이 유일한 자랑이다. 부락 양쪽에는 산을 병풍 삼고 위쪽으로 4㎞, 아래쪽으로 5㎞까지 촌락들이 띄엄띄엄 있었다. 아이들은 늘 걸어서 다녔다. 그 때문에 학교 가까운 곳에 산다는 자긍심이 대단했다. 지금 생각하면 도토리 키 재기에 불과하고 도긴 개진인데 말이다. 선친의 나누어 먹으라는 가르침이 목회에서 빛나고 있다. 그다지 넉넉하지도 않으면서 잔치하는 기분으로 친구들과 지낸다.

실은 인사에 대한 글을 쓰고 싶어 생각을 모았다. 초등학교 시절 친구들과 뛰놀면서 이 골목 저 골목을 휘젓고 다녔다. 숨바꼭질이나 도둑놈 잡기 놀이를 하다 보면 여러 어른들과 자주 마주쳤다. 그럴 때마다 한 번도 거르지 않고 몇 번이던지 인사를 했다. 말로 하거나 목례만 하는 정도가 아니었다. 뛰는 속도감 때문에 앞으로 쓰러질 듯 했으나 반듯하게 서서 깊이 얼굴을 숙이며 “안녕하세요?” 라고 인사했다. 어떤 어르신은 지게에 나무를 잔뜩 지고서도 “오냐!~”하고 반갑게 받으시며 “부건이 아들이구나, 그놈 참 인사 한 번 잘한다.” 하셨다. 지금도 그 기억이 생생하다.

국가 최고 지도자들의 인사 예법은 어떨까? 그 만남에 시선이 모아졌다. 정치적 의미를 내포하는 경우가 많을 것이다. 대한민국의 두

전직 대통령을 대하는 북한의 김정일 국방위원장 모습이 눈에 선하다. 2000년 평양 순안 공항으로 생각된다. 김대중 대통령을 마중 나온 그는 성큼성큼 다가오더니 와락 끌어안았다. 반가움의 표시가 예상을 뒤엎었다. 7년 뒤 노무현 대통령이 평양에 갔다. 육로로 가서 만났으나 걸어 나오지는 않았다. 단지 짝다리를 짚고 서 있다가 노대통령이 다가오자 무표정한 얼굴로 인사를 나누는데 그쳤다. 병색이 짙어서인지 아니면 비슷한 나이 탓인지는 모르겠으나 정치적 계산인가 싶었다.

미국의 대통령에게는 '대통령 중의 대통령'이라는 수식어가 따라붙는다. 대통령인 버락 오바마가 일본의 왕 아키히토를 만났다. '어떻게 인사할까?' 하는 궁금증이 도졌다. 정중한 태도로 허리를 구부리며 최고의 예우를 갖추었다. 그에 따른 일본 왕은 그와 정반대였다. 오바마 대통령의 손을 잡고 가볍게 목례만 했다. 일본을 비롯한 아시아권에서는 신선하다는 반응을 보였다. 그러나 미국 언론에서는 극도의 저자세라는 비난이 쏟아졌다고 한다. 그 무슨 의미였을까?

몹시 팍팍하고 예절이 바닥난 세상이라고 한탄한다. 그래서일까? 허리를 구부리고 깍듯이 인사하면 왠지 어리석게 보인다. 손을 모으고 인사하면 무엇인가 아쉬운 게 있고 아부하는 사람처럼 느껴진다. 유치원 아이들의 배꼽인사는 보기에도 퍽 아름답고 사랑스러운 모습이다. 그러나 초등학교를 벗어나기도 전에 그 인사는 전설이 되어버리고 만다.

'인사만 잘해도 먹고는 산다.' 라고 말한다면 너무 지나친 표현일까? 어렸을 때 '그놈 참 인사 한 번 잘한다.' 는 말을 듣고 자랐던 것처럼, 이제는 '아~ 그 사람 참 인사 한 번 잘한다.'하는 말을 들으며 내 생애를 마치고 싶다.

(2015. 8. 20.)

꿈

때로는 꿈 때문에 입이 건방을 떨어 주둥아리로 전락할 때가 있다. 그에 따른 결과로 내뱉은 육두문자 탓이다. 꿈이 다 나쁜 것은 아니다. 자랑과 교훈으로 삼아 오래도록 간직하고 싶은 것도 있다. 사랑의 꿈은 감미로운 맛을 더하여 '이대로 살면 좋겠다.' 는 생각을 가지기도 한다. 하지만 될 수 있으면 신속하게 현실로 오는 게 좋다. 꿈은 역시 꿈일 뿐이지 현실은 아니다.

밤 10시에 잠이 들어 새벽 3시에 일어났다. 볼 일을 마친 뒤 잠자리에 들었으나 정신이 멀쩡했다. 글 쓰는 사명을 하다가 조간신문을 읽었다. 6시 새벽 예배 생각에 '잠깐 눈을 붙이고 일어나자' 하는 사이에 일이 벌어졌다.

지금까지 단 한 번도 주일에는 아침운동을 나선 적이 없었다. 그

날 아침은 축구하자는 소리에 일말의 대꾸도 없이 나섰다. 그것으로 족하게 여기고 와야 했다. '탁구도 잘 친다니 붙어보자'는 후배 앞에서 몹시 뽐내고 싶었나? 전혀 싫은 기색 없이 핑퐁을 즐긴 것이 화근이었다.

사실 목회자에게 주일 예배는 생명처럼 소중한 시간이다. 이 땅의 모든 염려, 걱정, 근심으로 인한 시름을 안고 오는 교인들을 따뜻하게 맞이할 준비를 하고 있어야 하기 때문이다. 비록 세상적인 언어로 전하는 설교지만 그 안에서 참된 평안과 위로를 얻는다. 진심 어린 격려와 깨달음을 가진다. 자신의 가치를 발견하고 또 내일을 살아가는 힘이 된다.

이 세상을 영구한 도성으로 믿고 낙원처럼 여기며 살아가는 사람들이 있다. 행복을 품에 안고 사는 사람이라고 본다. 이런 자들에게는 나이 들고 늙어 가는 것이 속절없이 느껴질 것이다. 몹시 서럽고 원통해서 그 허망함에 한숨이 나올 것이다.

이러한 중에서도 금생을 지나면 내세가 온다는 믿음을 갖고 예배당을 찾는 자들이 있다. 목회자에게서 이처럼 반갑고 귀한 분들이 또 어디 있을까? 마음을 가다듬고 오롯이 그들을 맞이할 준비를 하고 있어야 한다. 더 중요한 것은 하늘의 문을 열고 천국의 메시지를 전하는 천금 같은 시간이다. 길어야 30분을 넘기지 않는 설교만큼은 목사의 마지막이라 생각하고 혼신을 다해서 외치는 금쪽같은 시간이다.

그래서 주일 아침은 호흡을 조절하고 모든 역량을 총집중해서 신자들을 기다린다. 설교문을 재점검하며 마지막 시간을 보내는 게 목사의 통상적인 시간이다. 그럼에도 불구하고 뭔가 부족하고 아쉬운 면이 보여 주일이 다 지난 뒤에는 자책하는 일이 비일비재하다.

이런 상황에서 아침 운동을 하고 왔으니 말이나 되는 일인가? 승패에 따른 흥분된 마음, 탁구 실력을 뽐내던 알량한 품새, 그것 때문에 상승했을 혈액의 정점을 무엇으로 안정시킬 것인가? 어떻게 예배를 인도하며 무슨 말로 설교를 할 것인가? 태산 같은 걱정이 엄습해 왔다.

상처 난 곳에 고춧가루 뿌린다는 말처럼 '어디를 그렇게 쌀쌀 맞게 다녀왔냐'는 아내의 쓴소리가 귓전을 때렸다. 여기에 와이셔츠와 넥타이, 윗도리와 바지, 목사의 무기인 성경과 찬송은 왜 눈에 띄지 않는 건가? 수염은 덥수룩하고 머리는 새집을 지었다. 모든 동작들은 하나같이 두 박자 세 박자가 느렸다. 서두르지 않으니 나 스스로가 바쁠 게 없었다. 그저 혼자서 끙끙댈 뿐이지 누구 하나 도와주는 사람도 없다. 그 사이에 예배시간 절반이 지났다. 기다리다 지친 성도들은 모두 헤어졌다고 생각했다.

그래도 '설교만큼은 해야 된다'는 강박관념에 사로잡혀 교회를 가는데 발걸음이 천근만근이었다. 힘겹게 도착해서 예배당 문을 여는 순간 적이 놀랐다. 모든 성도들이 누구 하나 움직이지 않은 채 기다리고 있었다. 전혀 준비도 안 된 목사를 꼼짝하지 않고 기다려준 성도들이 한없이 고마웠다. 한편으로는 한없이 창피하고 부끄러워 도무지 얼굴을 들 수가 없었다. 그 엄청난 충격에 입이 쩍 벌어졌다. 얼마나 크게 벌렸는지 숨이 막힐 지경이었다.

낑낑대며 심한 발버둥을 치다가 잠자리에서 벌떡 일어났다. 와~ 꿈이었다. 아무리 꿈이라지만 어안이 벙벙했다. 고개를 절레절레 흔들었다. 틀림없는 꿈이었다. 꿈이어서 퍽 다행이라며 한숨이 절로 나왔다. 직업에 따른 초조함이었나? 꿈이 아니라 현실이었다면 어쩔 뻔 했는지를 걱정한 새벽이었다.

(2015. 12. 4.)

싸가지

지난 3월부터 신아 문예대학 수필 반에 들어갔다. 김학 지도 교수님의 신출내기 문하생이다. 공부를 하다 보니 지방의 한 일간지에 칼럼이라고 썼던 글이 곧 수필이란 사실을 알았다.

목사의 글 대부분이 고답高踏적이고 교훈적이며 훈계적이다. 또한 설교체여서 좀 딱딱한 면이 있다. 걸어가는 길이 그러하니 어쩔 수 없나 보다. 그 때문일 것이다. 독자들을 만나고 교감하기가 좀처럼 쉽지 않다. 그렇다고 이해를 바란다는 요구 자체가 무리라고 본다.

이 같은 선입견을 탈피하는 글을 쓰자는 게 나의 지론이다. 칼럼을 그런 형태로 썼던 것이다. 그 생각은 적중했다. 글을 대하는 적잖은 독자들로부터 '신선하고 진솔하다.' '읽기에 편하고 식상하지 않다.' '우리 이야기여서 공감한다.'는 것이다. 생활 속의 사실들을 글로 표현하는 것뿐이었는데 반갑고 신이 났다. 그저 감사할 따름이었다.

여기, 2013년 12월 10일 화요일에 썼던 칼럼 한 편을 가감 없이 원문대로 올려 본다. 문우들의 고견도 따끔한 질타도 듣고 싶은 생각 때문이다.

국어 대사전 (민중서관) 에서 '싸가지'란 말을 찾아보았더니 방언이라고 적었다. 그 뜻은 1) 싹수머리, 2) 소갈머리(전라도)라고 했다. '싹수'를 찾았더니 '앞으로 잘 트일 만한 낌새나 징조'라고 적혀 있다. 우리는 무심코 '싸가지'란 말을 종종 사용한다. 보통은 버르장머리 없고 하는 행동이 거칠어 보일 때 '싸가지 없다' 라고 한다 하는 꼴을 보니 앞으로 잘 될 것 같은 징조가 보이지 않는다는 말이다. 누구든지 그런 아이로 키우고 싶은 부모가 어디 있겠는가? 그럼에도 남의 아이라서 그런지 '싸가지 없는 녀석' 이라는 말을 곧잘 사용한다.

목사로서 일주일에 두세 번 정도는 노방 전도에 나섰다. 생각대로 쉬운 게 아니었다. 그래도 사명감으로 했다. 전도 현장에서 벌어진 초기의 일이다. 수업을 마친 중학생들이 삼삼오오 짝을 지어 오고 있었다. 이게 웬 떡이냐 싶어 부지런히 전도지를 나누어 줬다. 어떤 아이는 나도 달라며 챙기기도 했다. 고마운 마음이 앞섰다.

한 시간쯤 지나 전도를 접고 주차한 곳으로 갔다. 이게 웬일인가? 전도지가 엉망진창이었다. 길바닥과 도로변 화단에 마구 버려진 것, 꼬깃꼬깃 접어 나뭇가지에 찔러 넣은 것, 찢겨진 채 쓰레기통 옆에 내던진 것, 가게 출입문에 꽂아 넣은 것, 돌멩이로 눌러 놓은 것 등등 퍽 다양하고 몹시 초라한 모습을 하고 있었다. 그 정도는 그래도 양호한 편이었다. 그렇다고 나무랄 것도 아니다. 전도지는 전도지로서의 사명이 있으니까 버려진 대로 그냥 두면 되는 것이다.

어느 날이었다. 중학생 두세 명에게 전도지를 건넸다. 얌전하게 받는 것까지는 흐뭇했으나 그 다음이 왠지 궁금했다. 사람이 느낌이라는 게 있지 않는가? 히득거리는 그들을 곁눈질했다. 한 아이가 힐끗힐끗 보면서 우리의 동태를 살피고 있었다. 아니나 다를까? 전도지를 갈기갈기 찢어서 공중에 흩날리고 있었다. 그 폼이 참 가관이었다. 다른 아이는 전도지를 발 밑에 넣더니 한 바퀴 빙 돌았다. 생각할 겨를도 없이 '싸가지 없는 녀석들'이라고 했다. 주차 한 곳까지 길지 않은 거리지만 차를 탄 후에도 그 마음은 쉽게 가라앉지 않았다. 계속 나오는 걸 보니 입에 붙어 있었다. '에이~ 싸가지 없는 녀석들'이라고 말이다.

밤 10시가 되었다. 매일 밤마다 기도하기로 작정한 시간이다. 강단에 올라가 기도를 했다. 하루의 일과를 더듬으며 오늘도 함께하신 하나님께 감사했다. 기도가 진행되면서 전도 현장에 이르렀다. 전도지를 받은 사람들에 대한 감사의 마음은 사라지고, 아이들에게 '싸가지 없는 녀석들'이라고 했던 말에 걸려 기도가 멈춰 버렸다. 더 이상은 기도를 할 수가 없었다.

한동안 끙끙거리다가 용서의 기도를 드렸다. 그리고 '싸가지 없는 녀석들'이란 말을 취소했다. 그 영혼을 불쌍히 여겨 주시도록 간구했다. 전도지 사건 때문에 오히려 예수 믿고 구원 받는 자 되기를 간청

했다. 그 뒤로 기도가 진행 되었다. 왜 우리는 남의 자녀라고 느낀 그대로 말하는가? 생각을 거르지 않고 쉽게 함부로 입을 여는가?

그 칼럼은 여기까지였다.

여전히 우리 주변에는 도리에 어긋나는 일들이 많다. 그것 때문에 눈살을 찌푸리는 경우들이 적지 않다. 특히 운전 중에는 더욱 그렇다. 상대방의 나이에 상관없이 거친 말이 튀어 나온다. 대부분은 목젖을 살짝 건드리고 사라지지만 제어 장치 없이 입 밖으로 나오는 때가 있다. 이런 게 없기를 바라는 마음 간절하지만 쉬운 일이 아니다.

성자의 경지에 이르러야 되는 일인가 싶어 서글퍼지기도 한다. 원죄를 지닌 인간이기에 어쩔 수 없는가 보다. 다만, 얼마나 절제하며 살아가는가 하는 것이 관건이다. 인간의 나약한 모습을 보면서 겸허한 마음으로 살아가야 함을 늘 배우게 된다.

(2013. 12. 10)

고향의 명물 적상산

문우들의 고향 자랑에 시샘이 났다. 고향 사랑일까 질투심일까 아니면 자긍심일까, 산업 개발 탓에 고향 잃은 사람들의 애환이야말로 그 무엇과 비교할까마는, 부모 없는 고향의 쓸쓸함도 만만치 않다.

그곳에는 여전히 어머님이 계시기에 수시로 간다. 그토록 뻔질나게 드나드는 길이지만 질린다거나 괜스럽지 않음은 '고향이다. 어머님이 계신다.' 하는 두 가지 이점 때문일 것이다.

지금은 공기 좋고 산세가 수려한 데다 교통까지 편리해서 무주의 청정지역을 뽐내고 산다. 70년대까지만 해도 공무원들이 가장 꺼려했던 곳이 아니던가? 비포장도로에 고갯마루가 심심찮게 많았다. 전주에서 진안 쪽으로 제일 먼저 오르는 고개가 소태정이다. 험산 준령의 곰티 재와 모래 재가 바뀌고 새로운 이름을 달았다. 진안에서 안천 길은 꼬불꼬불하고 긴 "코크니 재"가 걸쳐 있다. 금산에서부터 인민군에게 쫓기던 미군 장성 "딘"소장을 아군이 발견하면서 붙여진 새 이름이다. 안천이 장안리를 향해 밀어 올린 고개턱은 "방골 재"다. "고리 재"를 넘으면 자라난 동네 삼유리에 이른다. 다시 9부 능선까지 가파르게 기어올라 "조금 재"를 넘으면 태어난 땅 여원리가 반긴다. 고향 냄새에 유혹을 받지만 반기는 사람 없어 늘 지나치곤 한다. 지금은 그 산자락 밑으로 구멍을 내고 차가 씽씽 달린다. 마지막 고개를 그냥 넘기가 섭섭했나? 싸리 재를 넘어서야만 무주가 살짝 보인다. 거기도 이제는 터널이 생겨 힘들이지 않고 쓱 지나치면 살짝 보이던 무주가 덩그렁 하게 보인다.

우리 고장의 명산은 역시 덕유산(1,614m)이다. 하지만 또 하나 적상산(1,029m)을 빼놓을 수 없다. 적상에서 무주를 가자면 병풍처럼 둘러친 암벽이 눈에 들어온다. 가을 단풍이 암석과 어우러지면서 고고한 자태의 멋을 한껏 자랑하며 탄성을 자아내게 한다. 마치! 절세의 미인이 붉은 치마로 온 산을 뒤 덮은 것처럼 보인다 해서 적상赤裳산이다. 이 산의 유명세는 단연코 사고史庫와 양수 발전소에 있다. 조선 인조 왕 이후의 실록을 4부로 작성했는데, 한국 전쟁이 발발하자 그 중 하나가 적상산 안국사에 보관되어 있었다.

고등학교 시절 매년 봄가을의 등산 코스로 산마루턱을 넘었다. 한번은 실록을 숨겼다는 산자락 끄트머리의 안렴대를 찾았다. 역사 시간의 배움과 고향의 자긍심이 맞물리면서 몇몇 친구들과 함께 주지 스님의 설명을 새겨들었다. 더듬거리면서 미지의 세계로 나아갔다.

산 능선을 따라 촘촘하게 들어선 큰 나무들 사이를 헤쳐 나갔다. 그야말로 길도 없다시피 한 난코스였다. 난생 처음 걸어보는 험로를 개척자의 심정으로 갔다. 이 험악한 곳을 어떻게 알고 실록을 숨겼을까? 선조들의 역사 인식에 따른 신비감이 새삼스럽게 다가왔다.

안렴대는 적상산 정상 부분 왼쪽 끝자락에 있었다. 바로 그 아래 험준한 절벽 밑 바위굴 속에 숨겨 두었다. 대단함과 큰 기대 속에 다다랐으나 잔 재물 때문에 실망만 가득했다. 굴은 돌로 매워져 있었고 작은 표지판이 역사의 탐방객(?)들을 마지못해 반기는 듯 했다. 나라의 위기를 피하여 이곳에 실록을 보관했다는 몇 마디의 기록만이 남아있을 뿐이었다.

양수 발전소로 가보자. 1988년에 착공하여 7년이 되는 1995년에 준공했다. 수력발전의 일종으로 전력요금이 저렴한 심야에 하부 저수지의 물을 해발 860m의 상부 저수지로 끌어올린다. 그 저장한 물을 전력 수요가 가장 많은 시간에 하부 저수지로 낙하시켜 발전하는 방식이다.

발전소의 모든 기기는 산속 지하에 들어 있다. 암벽으로 된 그곳은 30평 아파트 400여 채가 들어 갈 수 있는 공간이란다. 함지박만 한 입이라도 벌리기에 버겁다. 국내 최대를 자랑한다. 5년 동안 비가 오지 않아도 현재의 수량만으로 발전할 수 있다. 전기 걱정 없는 내 고향 무주와 적상산을 사랑할 만하지 않는가? 오늘도 '적상이여! 무주여!' 소리치며 자랑하는 맛으로 살아간다.

양수 발전소의 입지조건은 몇 가지가 들어맞아야 한다. 상부 저수지가 반드시 있어야하고 낙차 확보를 위한 높은 산이라야 한다. 산 전체가 암반이어야 하며 낙하시킨 물을 담아 둘 하부 저수지가 필요하다.

발전에 소요되는 준비시간이 화력은 7시간 원자력은 44시간이다. 그에 비하여 양수는 3-4분이다. 큰 낙차를 이용해서 발전할 수 있다는 게 장점이다. 비상발전이 필요한 경우에도 물을 끌어 올려 전기를 생산하기까지 최소한으로 7시간 정도면 된다.

전부터 명성은 있었으나 천여 미터에 불과한 그 작은 것이 명산의 이름을 얻은 게 축복이다. 물론 그것은 대한민국의 유익이다. 하지만 그 복은 무주군 전체 군민과, 특히 적상 사람들의 몫이요, 그에 따른 자긍심에 있다. 오늘도 고향을 그리워하며 또 내일도 가야 할 곳이다.

(2015. 9. 9)

인생의 레일 바이크

석탄 산업이 활황을 누리던 때가 있었다. 1980년대 강원도 정선군의 구절리가 그랬다. '동네 개도 만 원 짜리 지폐를 입에 물고 다닌다.'는 말이 나올 정도로 부촌이었다. 탄광 업주들은 돈을 삽으로 퍼 담아 차에 싣고 다닐 만큼 흔했다고 한다.

그 좋은 세월이 지나고 석탄 산업의 침체기가 왔다. 강원도 내에 있었던 탄광160여 개가 줄줄이 문을 닫았다. 그야말로 막장이었다. 손 위의 동서가 살고 있는 충남 대천시 성주골에도 꽤 이름난 광산이 있었다. 지금은 석탄 박물관이 옛날의 명성만을 전해 주고 있을 뿐이다. 그곳을 지날 때마다 구멍이 숭숭 뚫린 폐광이 생각나고 광부들의 까만 얼굴에서 유난히 반짝거리는 눈과 하얀 이빨이 떠오른다. 사람들이 도시로 떠난 구절리도 별 수 없었다. 폐가와 폐 선로와 폐광은

유령 도시를 방불케 했다.

그리고 30여 년이 지났다. 변화의 거센 물결을 피해 갈 수는 없었다. 고즈넉하던 산속 마을에 발길이 트이고 사람들로 술렁거렸다. 끊임없는 인적人跡 속에 생기 넘치는 동네로 탈바꿈했다. 한때는 골칫거리였던 폐 선로가 '황금 알을 낳는 거위'가 되었다니 놀라울 뿐이다. 천지가 개벽된 게 아닌가? 레일 바이크의 시너지(synergy) 효과를 톡톡히 보는 탓이다. 구절리가 전 국민들로부터 주목 받게 된지 오래다.

여름철 휴가에 들어갔다. 친구들 부부와 함께 레일 바이크가 그리워 그곳을 찾았다. 제일 먼저 반긴 것은 기차 모양의 카페였다. 얼마나 깊은 산속이었던지 무주구천동의 산사나이인 나 스스로도 적이 놀랐다.

타야 할 시간이 넉넉해서 오장폭포를 가기로 했다. 노추산(1,322m) 옆 오장산(733m)에서 쏟아지는 폭포였다. 경사 길이 209m에 수직 높이 127m를 한껏 자랑하고 있었다. 전국에서 가장 높은 인공 폭포란다. 그것이라면 우리 지역 순창 군립공원 안에 있는 구장군 폭포가 있다. '우리나라에 이만한 폭포가 있을까?' 했는데 그 위상이 꺾이고 말았다.

드디어 레일 바이크에 올랐다. 4인용 중에 우리는 각각 2인용을 선택했다. 안전요원의 설명 중에 시속 10-30㎞까지 달릴 수는 있으나 앞뒤 거리를 잘 유지하란다. 난생처음 타보는 철로 위의 자전거였다. 어원상으로는 철로를 뜻하는 레일(Rail)과, 자전거의 약칭인 바이크

(bike)를 합친 말로서 '레일 바이크'라 부른다. 페달을 밟아 철로 위로 달리는 네 바퀴 자전거인 셈이다. '남녀노소 누구나 탈 수 있다'며 안전성을 자랑했다. 문경(2005.3월)에서 제일 먼저 설치하고 2.8㎞를 주행했다. 그 두 번째가 정선(2005. 7월)의 구절리 레일 바이크다. 아우라지까지 7.5㎞를 가는 길이다.

페달을 밟는 것은 남자의 몫이었다. 그래도 언덕배기를 오를 때는 아내의 작은 힘이 큰 자랑이었다. 더위가 시샘하는 9월 초의 햇살을 받으며 천천히, 때로는 씽씽 달렸다. 한강 최상류의 강줄기로 송천이 흐르고 그 옆에는 도로가 나란히 뻗어 있었다. 두 개의 터널을 지나 무겁게 페달을 밟으며 씩씩거리고 올라가는데 터널이 또 나타났다. 그 입구에서 '아리랑 고개' 표지판을 보는 순간 눈을 의심케 했다. 본래 아리랑 고개여서 '아리랑 고개'인지, 아니면 고개가 있어 추억 속으로 인도하려고 그냥 붙여 놓은 이름인지, 어쨌든 그것을 보는 순간 새로운 힘이 솟았다.

그 사이에 우리는 동굴 안으로 빨려 들었다. 서늘한 공기와 부딪히면서 '정선 아리랑'도 아닌 것이 먼저 튀어 나왔다. '아리랑 아리랑 아라리요 아리랑 고개로 넘어 간다.' 그 노래는 동굴 안에 울려 빵빵한 소리로 귓전을 때렸다. 그리고 동굴 밖으로 사라졌다. '나를 버리고 가시는 임은 십 리도 못가서 발병 난다' 할 때는, 아내가 곁에 있어 꽤 멋쩍었다. 개념 없는 남자 같은 생각에 얼른 거두어들이고 보리밭 노래를 시작했다. 한마디할 것 같은 아내가 금방 따라하면서 터널을 빠져나오자 산야의 이곳저곳에서 미소로 화답했다. 보리 대신 점점 영글어 가는 곡식들이 넘실거렸다. 그 들판을 바라보며 부르는 노래의 맛은 또 다른 추억을 만들고 있었다.

송천을 왼쪽으로 끼고 살며시 굽어지는 그 아래로 이국적인 풍광이 들어왔다. 거칠 것 없이 넓게 트인 곳으로 강과 산과 도로의 긴 곡선이 환상을 이루었다. 탄성을 지르는 아내의 입에서 이번에는 '주 하나님 지으신 모든 세계 내 마음속에 그리어 볼 때' 라는 찬송을 부르는 게 아닌가? 시나브로 페달을 밟으며 노래에 열창했다.

간간이 깊은 숨을 몰아쉬며 청정 지역의 산소량을 넓혀 나갔다. 50년은 더 살 것 같은 기운이 감돌았다. 가슴을 활짝 열고 입의 크기를 극대화하니 산 전체를 집어 삼킨 태세였다. 바람이 살랑살랑 속살거린다. 물길이 돌 틈 사이에서 졸랑댄다. 뭇 나무들은 산소를 맘껏 뿜어낸다. 레일 바이크의 행렬이 여간 멋스럽지 않다. 이런저런 모습들이 낙원을 이루었다. 두 번을 갔건만 또 가고 싶은 곳이 구절리다.

버려진 레일에서 금맥을 캐고 있음을 누가 부인하겠는가? 버려진 사람일지라도 쓸모 있을 때가 있다. 인생의 레일을 밟으며 소생하면 될 게 아닌가? 급히 갈 때가 있으면 서서히 갈 때도 있다. 힘겨운 언덕을 오를 때가 있으면 노래를 부르며 신나게 내려갈 때도 있다. 바삐 가야 할 때가 있으면 유유자적悠悠自適할 때도 있다. 가다가 힘들고 지쳐 있을 때는 뒤에서 받아 버리니 깜짝 놀라 자극이 되기도 했다.

인생이 이런 것인데 이를 어찌 하겠는가? 앞사람을 절대로 추월

할 수 없는 질서, 빠른 것으로 길 들여진 사람들에게 보여주는 느림의 미학, 이것은 하나의 진리였다. 레일 바이크를 타면서 느꼈던 새로운 인생관이다.

(2016. 6. 6.)

2부

포옹

우리는 두 딸이 보는 앞에서 포옹하며 얼굴과 입술의 키스를 나누었다. 어색함이 없는 사랑의 표현이었다. 그러나 때로는 엄한 아버지로 변신해 분노의 얼굴을 비친 경우가 있었다. 그때는 아빠가 무섭고 한없이 멀어진 느낌이었을 것이다. 하지만 뒤따르는 안아줌의 포근함이 서러움을 녹이는 촉매제가 되었으리라고 본다. 두 아이 모두 생각 이상으로 잘 자랐기 때문이다.

포옹抱擁

두 딸의 아버지로서 포옹하며 아이들을 키웠다. 어려서는 물론이요, 초등학교 입학 후에는 머리에 손을 얹어 기도로 학교를 보내면서 안아 주었다. 수업을 마치고 돌아오면 포옹으로 영접해서 자기 방으로 보냈다.

이것이 포옹 요법이었나? 두 딸 모두 결혼했다. 남편과 함께 거실에 들어서면 내 품에 먼저 들어 왔다가 아내에게로 간다. 품에 안긴다는 것이 얼마나 기분 좋은 일인지 모른다. 그저 엔도르핀이 팡팡 솟는다.

포옹하는 것을 어디서 배웠을까. 책이나 학교나 친절한 선배가 가르쳐 준 게 아닌데 부모에게서 배웠나? 그것은 더욱 아니다. 내 기억으로는 부모님이 포옹하는 것을 한 번도 본 적이 없다. '자식들 몰래

하시겠지'하면서도 정서적으로나 느낌상 절대로 그럴 분들이 아니다. 그럼에도 불구하고 부모님의 금슬은 100점 만점일 만큼 다정다감하셨다.

우리는 두 딸이 보는 앞에서 포옹하며 얼굴과 입술의 키스를 나누었다. 어색함이 없는 사랑의 표현이었다. 그러나 때로는 엄한 아버지로 변신해 분노의 얼굴을 비친 경우가 있었다. 그때는 아빠가 무섭고 한없이 멀어진 느낌이었을 것이다. 하지만 뒤따르는 안아줌의 포근함이 서러움을 녹이는 촉매제가 되었으리라고 본다. 두 아이 모두 생각 이상으로 잘 자랐기 때문이다.

목회자로서 여성 신자들을 함부로 포옹하지 않는다. 아주 특별한 경우가 아니면 먼저 손을 내밀어 악수하는 것조차 삼가는 편이다. 그럼에도 불구하고 꼭 안아드려야 할 분이 있다. 연세가 많으시거나 병중에 계신 분과 임종을 앞두신 분들이다. 안아주기를 기다리기라도 하신 듯 몹시 좋아한다. 그럴 때마다 목회의 보람을 느끼며 목사가 된 것의 자긍심을 갖게 된다.

"캐슬링 키팅"은 포옹 예찬론에서 '포옹은 기분을 좋게 해주고 외로움을 없앤다. 두려움과 불안 같은 긴장감을 해소시켜 주고 마음의 문을 활짝 열어주는 푸근함을 갖게 한다. 불면증도 없고 운동을 하게 하는데 키 큰 사람은 허리 굽히기 운동을, 키 작은 사람은 팔을 뻗히게 하는 운동이다. 팔과 어깨 근육 운동까지도 시켜주며 노화 방지에도 매우 효과적'이라고 했다.

시골에 계시는 어머님을 종종 가서 뵌다. 불과 얼마 전이었다. 가야 할 시간이 되어 손을 잡고 기도한 뒤 꼭 안아드렸다. 손을 잡는 순간부터 어색하게 여기시는 감을 느꼈다. 포옹하고 얼굴에 키스까지 했으니 쑥스러워 어쩔 줄을 몰라 하셨다. 마치 열일곱 소녀 같았다. 그러면서도 '은근히 좋아하시더라'고 하면 자식만의 생각일까? 포옹과 얼굴의 뽀뽀는 처음이어서 내 자신도 몹시 설렜던 것이다. 그 안아봄에서 어릴 적 엄마 품을 생각했다. 초연悄然해지신 어머니를 뵈니 서글퍼졌다. 세월의 무상無常함을 보는 것 같아서다. 91세 되신 어머님의 모습이 그날따라 왠지 초췌하게 보였다.

어머니는 8남매를 낳으셨다. 셋은 유아기 때, 셋째 아들은 그의 나이 서른이 넘어서 잃으셨다. 아들만 다섯이 잘 자랐는데 교통사고 때문이었다. 자식을 보낸 지 30년 가까운 세월이 흘렀다. 이제는 잊으셨다고 생각되지만 그 아들 때문에 얼마나 괴로워하셨을까, 고통으로 잠 못 이루는 밤을 어떻게 지내셨을까, 어찌하여 좀 더 일찍 안아드리지 못했을까, 무엇 때문에 키스하는 것을 그렇게도 아꼈던가, 아내와 내 자식을 안아줬다는 자랑이 뭐 그리 대단한가, 한없이 부끄럽고 송구한 마음뿐이었다. 어머니를 포옹 한 것은 자식의 마땅한 도리인데 단 한 번의 안아봄이 그토록 많은 생각을 갖게 할 줄은 예전에 미처 몰랐다. 이제야 비로소 철이 드는가 보다.

그 철이 든다는 게 모든 가정이나 모든 나라와 민족에게서 나타나면 얼마나 좋을까? 그 안에는 화해와 용서가 있고 감사와 기쁨을 느끼게 될 것이다. 그리고 미움에서 시작되는 격한 감정이나 갈등을, 넓은 가슴으로 푸근하게 싸안을 수 있을 것으로 본다.

안아드리고 온 뒤로는 매일 아침마다 전화를 한다. 잘 주무셨는지 문안드리는 목소리에서 건강을 체크한다. 이제부터는 가서 뵐 때마다 안아드리고 뽀뽀를 할 것이다. 포옹은 '기분을 좋게 하고 외로움을 달래주며 불안과 긴장감을 해소해 주므로 건강해진다'고 하지 않던가?

(2015. 12. 6.)

볼펜 사건

글씨를 잘 쓴다는 선생님의 칭찬에 초등학교 5학년 때부터 펜을 사용했다. 거북 모양의 잉크병 입구에 스펀지가 들어 있었다. 펜촉을 찍으면 잉크가 묻어 나와 글씨를 썼다.

어느 날부터인지 펜촉 없이 글씨를 쓸 수 있는 펜이 등장했다. 매우 신기하게 느껴졌다. 그 뒤에 안 사실이지만 볼펜이었다. 몹시 갖고 싶었으나 살 형편이 아니었다. 불편하긴 해도 펜으로 쓰는 재미가 쏠쏠했다.

5학년 겨울 방학이었다. 막내 동생을 업고 행상하시는 어머니를 따라 나섰다. 월요일에 떠나면 토요일이 되어서야 돌아왔다. 그때만 해도 현금 거래보다 곡물이었다. 동네마다 친절한 단골집이 있어 그 집에 맡겨 두고 다음 동네로 옮겨 가곤 했다. 토요일이면 아버지가 오셔서 30리쯤 되는 저 아래 동네부터 곡물을 손수레에 싣고 집으로 왔다.

어느 날이었다. '감나무 골'이라는 부락 친척집에서 하룻밤을 지내게 되었다. 아저씨가 벗어 놓은 와이셔츠 주머니 속 볼펜이 유난히 반짝거렸다. 신기하게 느껴지던 물건이 바로 눈앞에 있었다. 견물생심이라던가? 자꾸만 눈이 가더니 생각이 멈추고 욕심이 생기면서 손이 동작을 시작했다. 살며시 뽑아들고 이리 저리 만져보며 구경한 다음 그대로 꽂아 놓았다. 잠자리에 누웠으나 볼펜이 아른거렸다. 다음날 아침에도 그대로 있었다. 더 이상의 인내는 허상일 뿐이었다. 결국은 슬쩍해서 속주머니 깊숙한 곳에 잽싸게 넣었다. 이게 웬일인가? 아저씨의 나들이가 준비되고 와이셔츠를 입는 순간 가슴이 조마조마했다. 아니나 다를까?

"창호야! 여기 볼펜 못 봤냐?" 아내에게 묻는 말인데 가슴이 철렁했다. 어머니도 그 소리를 들었다. 나의 소행인 점을 아셨는지 아무 말이 없었다. 하기야 우리 모자 외에는 그 방에 들어 온 자가 없었다. 아저씨도 나가고 우리도 집을 나왔다. 어머니는 다시 그릇 보따리를 머리에 이고 나는 막내를 업었다.

출발하면서부터 마음은 온통 볼펜에 있었다. 어떤 모습으로 산뜻하게 어머니 앞에 내놓을까? 생각하니 머리가 복잡했다. 한 오리 쯤 걸었을까? 기발한 생각이 떠올라 어머니보다 서너 발 앞에 나가 땅바닥에 엎드렸다. 일어서면서 "어, 볼펜! 엄마 이것 좀 봐요 볼펜이야." 하고 불쑥 내밀었다. 내리 짐작하고 이때를 기다렸다는 듯이 "너 이 녀석! 아저씨 볼펜을 훔쳤지?" 어머니의 냉혹한 얼굴은 확고하고 단호하셨다. 지금까지 한 번도 그런 표정을 볼 수 없었기에 "아니요." 라고 변명할 만한 처지가 못 되었다.

그 한마디를 남긴 채 어머니는 앞으로 성큼성큼 걸어가셨다. 얼마를 걸었을까? 머리에 이고 있는 보따리를 혼자서도 능히 내려놓을 수 있는 큰 바위가 눈에 들어왔다. 그 위에 내려놓자마자 비탈진 산으로 황급히 올라가셨다. 새끼 손가락 만한 싸리나무를 꺾어들고 회초리로 사용하셨다. 내 종아리를 걷어 올리더니 사정없이 내리치셨다.

"그럴 줄 알았다. 이놈의 자식, 네 놈이 남의 물건을 훔쳐? 내가 목이 빠지도록 이렇게 장사하는 것은 네놈들을 가르치려고 하는 짓인데 도둑질을 혀? 내가 그렇게 가르쳤냐?"

그때 어머니는 내 엄마가 아니었다. 그 어린 나이에도 매 맞아 죽겠다는 생각을 했다. 그야말로 넋을 잃은 모습이었다. 너무도 분하고 속이 터졌을 것이다. 자식에 대한 실망감이 치를 떨게 했을 것이다. 우리 모자는 그 자리에서 엉엉 울었다. 어머니는 큰아들에 대한 실망이었을 것이고, 나는 아픔에 따른 고통 때문이었다. 등에 업힌 동생은 이 무슨 일인가 싶어 덩달아 울었으리라. 지나가는 사람도 없는 한적한 모퉁이에서 벌어진 일이었다. 말릴 사람도 없었지만 등에 업힌 동생 탓에 도망할 수도 없었다. 얼마를 맞았을까? 바위에 올려놓은 보따리를 다시 이고는 아무 말 없이 남은 오 리 길을 그냥 앞질러 가셨다.

아프고 쓰린 다리를 절룩거리며 힘없이 따라가 다음 동네로 들어갔다. 점심은 아예 굶었다. 오후의 장사는 평상시보다 일찍 마치고 단골집 헛간채 단칸방으로 들어갔다. 저녁도 먹지 못했다. 장남에 대한 실망과 아저씨에 대한 미안함이 겹치면서 심한 매를 들었던 자책감도 있었을 것이다. 종아리의 쓰라림 때문에 잠을 이룰 수가 없었다. 손으로 만져보니 울퉁불퉁했다. 피멍이 들고 어느 곳은 터져서 피가 나와 말라붙기도 했다. 잠 못 이루는 것은 어머니도 마찬가지였다. 시간이 더 지났다. 어머니의 손길이 내 종아리를 어루만지며 흐느끼고 계셨다. 자는 체하고 꼼짝도 안했으나 곧바로 울음이 터졌다. 모자는 이불 속에서 하염없이 울었다. 어머니는 연신 내 볼과 종아리를 번갈아 만지시며 어쩔 줄을 몰라 하셨다. 그러다가 나를 꼭 껴안으신 채 "미안하다. 미안해, 엄마가 잘못했다." 하시는 말씀만 계속하셨다. 나 역시 다시는 그러지 않겠다며 몇 번이고 다짐했다.

오늘까지 그 약속은 잘 지켜지고 있다. 남의 것을 탐내는 욕심이 일어날 때마다 초등학교 5학년 때 생각이 나면서 사나운 욕심이 사라진다. 지금도 생생하게 다가오는 어머니의 화난 모습과, 그날 밤 하염없이 우시던 모성애의 진한 감동이 교차하곤 한다.

그 사건으로 인하여 성실과 진실이 내 인생을 이끌었다. 인생의 전반에서 일어나는 욕심을 모든 사람들에게서 잠재울 순 없을까? 매질을 해서라도 그리할 수만 있다면 차라리 낫겠는데 사람의 생각대로만 할 수 없다는 게 서글픈 인생이다.

(2015. 7. 5.)

단, 하루만이라도

"야야! 단, 하루만이라도 손자랑 놀다오면 안되겠냐?"

"어머니! 이젠 잊으시라니까요. 그러다가 병나시면 큰일 나요."

소용없었다. 그런데도 손자를 보러 다니셨다는 것을 알게 된 것은 오랜 세월이 지난 뒤였다. 그 마음을 헤아리지 못한 불효자식이었다.

어머니의 손자 보고 싶은 마음을 쓰려고 하자, 세상을 그리워했던 헬렌 켈러가 떠올랐다. "만약 사흘 동안만 볼 수 있다면 첫날에는 나를 가르쳐 준 설리번 선생님의 얼굴을 보겠다. 그리고 산으로 가서 아름다운 꽃과 풀과 빛나는 노을을 보고 싶다. 둘째 날엔 새벽에 일찍 일어나 먼동이 트는 모습을 보고, 밤에는 영롱하게 빛나는 초롱초롱한 별을 볼 것이다. 셋째 날은 아침 일찍 큰길로 나가 부지런히 출근하는 표정들을 봐야지. 점심때는 아름다운 영화를 보고 저녁에는 화려한 네온사인과 쇼윈도의 상품을 구경해야지. 집에 돌아와서는 사흘 동안 보게 하신 하나님께 감사의 기도를 드릴 거야." 헬렌 켈러의 소망이 참 소박하고 일상적이다. 우리가 매일 누리고 사는 지극히 평범한 것들이 아닌가?

어머니는 헬렌 켈러가 누구며 뭐하는 사람인지 아실 턱이 없다. 그러니 '내가 손자를 보고 싶은 마음도 지극히 소박한 것이란다.'하실 리 만무하다. 그저 일상생활 속의 사소한 일 그대로, 손자를 보며 이것저것하고 싶으신 것이었다.

5형제가 두 살 터울로 나란히 성장했다. 때가 되면서 결혼하기 시작했다. 첫째인 내가 두 딸을 낳고 둘째도 첫 아이가 딸이었다. 말씀은 없으셨으나 서운한 기색이 역력했다. 셋째 아들에게서 손자가 태어났다. 장손을 품에 안고 얼마나 기뻐하셨을까? 어머니의 활짝 웃는 모습이 눈에 선하다.

그 세월도 잠깐이었다. 두 돌이 지난 아들을 남겨둔 채 셋째 동생은 교통사고로 현장에서 숨을 거두었다. 그 귀한 아들이 아른거려 어떻게 눈을 감았을까. 혹시나 해서 영안실은 나 혼자만 들어갔다. 울며불며 몸부림치는 어머니를 겨우 진정시켰다. 다녀와서는 제수씨뿐 아니라 그 누구도 들어가지 못하게 했다. 어머니는 셋째가 생각날 때마다 "왜 내 아들을 못 보게 했냐?"며 펑펑 우시곤 했다.

그는 다섯 형제 중에서도 제일 착하고 심성이 고운 효자였다. 나는 고등학교 졸업 후 직장에 들어가고, 제 작은 형과 동생들은 학업 중이었다. 어려운 가정 형편을 생각한 나머지 스스로 고등학교를 포기했다.

군대에 있으면서 배우지 못한 서러움을 절감했던가 보다. 전역하자마자 곧바로 진학했다. 졸업과 동시에 고향이 속한 면사무소에 특별 채용되었다. 형제들은 고향을 떠나 있었고 그 동생은 결혼해서 부모님과 함께 살았다.

2년쯤 근무했을까? 신학을 공부해서 목회를 하겠다는 것이다. 한국 방송통신대학을 다닌 덕에 신학교 3학년에 편입했다. 서울에서 올림픽을 치르던 그해, 학기가 끝날 무렵인 11월의 어느 날 참사를 당했던 것이다.

제수씨는 아들이 있으니까 우리 집에 남아 있겠다며 대전으로 거처를 옮겼다. 한 5년쯤 되어 한 남자를 만나 재혼했다. 그 손자가 초등학교 4학년쯤 되었다. 어느 날부터인가, '단, 하루만이라도 손자와 놀고 싶다'는 게 어머니의 소원이자 노래였다. 우리는 극렬히 반대했다. 그러는 중에서도 서너 번은 대전에 가서 손자를 보셨던가 보다.

시골에 있던 친구 목사가 처제를 소개해서 동생과 맺은 인연이었다. 그 뒤로는 고향 교회를 사임하고 대전에서 목회하고 있었다. 어머니는 친구에게 전화해서 '한 번만이라도 보게 해 달라'고 울면서 간청했다. 그때마다 '이토록 보고 싶어 하시는 할머니의 정을 어쩌겠나?' 싶었던 것이다.

내 친구이자 이모부인 그가 조카를 불러내 나무 그늘 아래 자리를 잡았다. 할머니가 사준 빵이며 과자를 같이 나누었다. 무슨 영문인지도 모르는 아이는 마냥 좋을 뿐이었다. 어머니는 먼발치에서 그 모습을 지켜보았다. 영화의 한 장면 같기도 한 이 마음을 누가 헤아릴 수 있을까?

그때에 "00아! 이 할미가 널 보고 싶어 왔다. 잘 자라서 나중에 만나자." 눈물로 기도하셨음이 틀림없다. 서너 번을 그렇게 하셨다. 친구의 생각에 '더 이상은 안 되겠다' 싶었던가 보다. 이 사실을 처제에게 알렸다. 깜짝 놀란 제수씨로부터 장장의 편지가 왔다. 요지의 내용은 간단했다. '어머님께 잘 말씀드려서 다시는 오지 않도록 해 달라.'는 신신당부의 글과 함께, '아직은 아이가 어려서 혼란스러울 수 있으니 성숙하면 모든 것을 얘기해서 보내겠다'는 것을 잊지 않았다. 전혀 모르고 있던 나로서도 몹시 당황했다. 친구에게 전화해서 모든 사실을 자세히 들었다. 어머니와 단단히 약속하고 성숙하면 보낸다니까 믿고 기다리자는 다짐으로 마무리했다.

세월이 흘러 온전히 잊고 있었다. 그것은 내 마음이지 어머니의 심정을 어찌 알랴? 대학 입학을 앞둔 조카가 온다는 것이다. 대부분의 형제와 조카들이 고향의 집으로 모였다.

영락없는 셋째 동생이었다. 곱게 벗어진 이마와 말할 때 손짓하는 모습, 성글게 걷는 걸음걸이와 웃을 때 입가에 번지는 미소, 선한 눈매에 키가 큰 것까지, 어쩌면 그렇게도 애비를 닮았을까? 불교의 용어를 빌리자면 환생이라도 한 듯했다.

어머니는 손자를 보자마자 와락 껴안았다. 손을 잡고 얼굴을 매만지며 어쩔 줄을 몰라 하셨다. '아이고 네가 ○○이냐? 참 잘 컸구나. 어쩌면 이렇게도 애비를 닮았냐?' 그렇게 좋아하시며 우시던 어머님이 이제는 아흔한 살이 되었다.

제아무리 가깝고 그리워도 너무 멀리 간 손자 일뿐이다. 그래도 우리 집의 행사에 꼬박꼬박 참석한다. 조카들과도 스스럼없이 어울린다. '피는 물보다 진함'을 실감한다. 우리는 새 아빠를 본적이 없으나 좋은 사람이라는 생각을 갖고 있다.

헬렌 켈러의 소원, '3일 동안의 꿈'은 꿈으로 끝나고 말았다. 그러나 '단, 하루만이라도 손자를 보고 싶다'던 어머니의 바람은 이루어졌다. '이제 눈을 감아도 여한이 없다'시던 어머니다. 먼저 보낸 아들을 가슴에 묻고 산 세월이 오죽했을까? 어머니의 그 깊은 속을 헤아리지 못하는 것은 예나 지금이나 다를 바 없다. 세상에 이런 불효자가 또 있을까?

(2015. 6. 17.)

아코디언 연주자, 어머니

기회만 있으면 듣는 얘기가 있다. '나는 노래도 잘 부르고 얼굴이 예쁜 탓에 여러 선생님들의 사랑을 받았다. 일본 선생님은 그곳으로 데려가 공부를 시키겠다고 해서 부모님도 퍽 기뻐하셨다. 기다리고 있었는데 그만 해방이 되었다.'며 약간의 상기된 모습이었다. 유학의 들뜬 마음이 해방 때문에 주저앉고 말았다며 서운해 하시는 어머니의 마음이 역력했다.

물론 그 당시야 어린 나이였으니까 우리 어머니가 되리라는 보장이 있었던 것은 아니다. 그러나 꿈 많던 소녀시절 '유학'이라는 말에 혹하여 기분 좋게 떠났을 것이다. 그러면 상한 몸이 되었던지 또는 영영 돌아오지 못한 동네의 한 처녀 이야기로 남아 있었을 것이다.

때로는 '우리 어머니가 되시기 위한 해방이었나?'하는 생각이 들기도 한다. 수많은 나라와 민족들 중에서 70억 분의 일로 부부가 된다. 대한민국의 많은 지역을 제쳐두고 산골짜기 무주의 작은 동네에서 한 여성을 만나 부부가 되었다. 그 분을 우리는 아버지 어머니라고 부른다. 이것을 어떻게 설명할 것인가? 조물주의 섭리로밖에는 납득할 방법이 없다.

바로 아래 동생 내외가 중등 교사로 있다. 이삼십 년 전으로 기억된다. 음악에 관심이 많아 늘 노래하시는 어머니께 하모니카를 사다 드렸다. 명절이 되기만 하면 자녀들 앞에서 그 실력을 유감없이 발휘하셨다. 그 중에서도 '보일 듯이 보일 듯이 보이지 않는…'의 '따오기' 노래는 단골 메뉴였다. 그 뒤로 한두 해가 지났던가? 이번에는 그 동생이 아코디언을 사왔다며 자랑이 이만저만 아니었다. 맏이로서 비교적 여유 있는 동생의 효심에 그저 감사할 뿐이다. 초등학교 시절에 아코디언을 배운 바 있었고 결혼 후에는 일본에서 사온 악기가 집에 있었기 때문에 열심히 하셨다는 것이다. 실은 나도 초등학교 3학년 때까지 집에서 봤던 기억이 생생하다.

그렇다고 해도 그 세월이 몇 해인가? 40~50년이 흘렀는데도 연주를 곧잘 하신다. 해마다 설날과 추석은 어머니의 콘서트가 열리는 날이다. 제일 어린 조카의 태권도 시범에 이어 연주가 시작된다. 아버지는 악기에 맞춰 한두 곡 정도의 노래를 부르시는 것으로 끝난다. 어머니는 하모니카와 아코디언을 번갈아 가며 대단한 열정을 보이신다. 자녀들은 싱글싱글 웃으며 연주하시라고 훈수를 두지만 건반을 오르내리는 손가락의 응시는 사뭇 진지하시다.

찬송가와 가곡을 넘나들면서 예닐곱 곡을 해야 끝나는 콘서트는 우리 가정의 행복이다. 자녀와 며느리들 사이에 성악 전공자들이 셋이나 있지만 어머니의 연주만을 위해서 터질 것 같은 박수갈채로 연주회의 막을 내리곤 한다.

이런 어머니께서 일본의 위안부로 끌려 가셨더라면 어찌 되었을까? 모자 간의 알토란같은 정을 나눌 수도 없지만 연주로 인한 화기애애한 분위기를 어디서 찾겠는가? 한 여성이 우리 어머니가 되신 것을 크게 감사하고 있다.

무주군에서 해마다 반딧불 축제가 열린다. 두 명으로 선정된 장기자랑에서 면대표로 추천되었다. 코디를 해드리려고 아내와 함께 일찍 갔다가 깜짝 놀랐다. 옷매무새를 가다듬고 근사한 모자까지 쓰신 어머니의 모습은 마치 십칠 세 소녀요, 꽃무늬로 된 투피스는 알프스 산자락의 귀부인처럼 보였다.

무대에 오르자마자 사회자는 나이부터 물었다. 87세라고 대답하시자 '절대로 믿기지 않는다.'며 익살스러움으로 주민등록증을 보자고 너스레를 떨었다. 두 곡의 연주가 끝나자 열렬한 박수가 터졌다. 어떤 사람은 '젊은 엄마'를 외치며 휘파람을 불고 야단이었다. 사회자는 '무주에서 반딧불 축제 이래 최고령 아코디언 연주자가 탄생했다'며 또 한 번의 뜨거운 박수를 유도했다.

어느 덧 2015년 세밑에 와 있다. 금년 설날의 전야제나 아침 시간에는 어머니의 연주를 볼 수 없었다. 구천동 리조트 콘도에 와 있는 탓도 있지만 이런 현상은 추석 명절로 이어졌다. 전과 같이 서둘러자리를 정리하자는 말씀도, 악기를 스스로 챙기는 일도, 가슴 설레는 듯 수줍어 하시는 모습도 전혀 느끼질 못했다. 이제는 하모니카에 바람을 불어 넣을 만한 힘도, 아코디언을 어깨에 메고 자리에 앉으실 여력도 소진되셨나 보다.

이 달만 지나면 구십 이세가 되신다. 어머니에게서 예전의 모습을 찾는 게 무리인 줄 알면서도 가슴이 먹먹했다. 훨씬 더 깊어진 이마의 주름에서는 인고의 쓰라림이 스멀거렸다.

오늘 따라 어머니의 연주하시는 모습이 아스라이 떠오른다. 다시 들을 수 없다는 서운함 때문일까? 아니면 인생의 끝 날이 신속한 동작으로 성큼성큼 다가오고 있다는 위기감 때문일까? 그래도 명년 설날을 기다리며 92세의 연주를 재청할 것이다.

(2015. 12. 18.)

두려웠던 시간들

작은 방 안에 수많은 사람들이 나를 향해 빵 둘러섰다. 모두 거꾸로 서 있다. 눈은 하나뿐인데 커다란 왕눈이다. 불꽃이 튀어 나오리만큼 부리부리했다. 기다란 혓바닥을 날름거리며 가까이 다가섰다가 멀어지고 멀어졌다가는 또다시 다가왔다. 접근할 때마다 쭉 내미는 혀는 마치 큰 주걱 같았고 보름달만 한 외눈은 나를 여지없이 집어넣을 듯했다. 얼마나 겁이 나고 무서웠던지 그 다가오는 몸짓에 그만 소스라치게 놀라 괴성을 질렀다.

어릴 적 고향 뒷동산에는 아름드리 소나무와 참나무들이 하늘 높은 줄 모르고 치솟아 있었다. 그 곳은 20~30명쯤 되는 또래들의 놀이터였다. 동산 아래 교회는 미래를 열어 가는 꿈의 산실이었다. 예배당의 함석지붕에는 십자가와 닭과 풍향기, 그리고 바람개비 등 여러 형상들이 뾰족뾰족하게 붙어 있었다. 어느 날이었다. 그 동산의 소나무를 거침없이 기어 올라갔다. 나뭇가지 사이를 헤집고 그 꼭대기에 우뚝 섰다. 더 올라 갈 수 없음을 한탄하며 지붕 위로 날아갈 듯 뛰어내렸다. 순간적으로 엉덩이 살 속을 파고들 것 같은 날카로운 모양들이 눈에 들어왔다. 그 두려움과 공포심에 놀라 으악~하고 냅다 소리를 질렀다.

실제로 '그 어린 나이에 택시를 보았나?'하는 생각밖에 없다. 그럼에도 불구하고 노란 택시에 몸을 싣고 피라미드처럼 생긴 타원형의 좁은 길 그 꼭짓점을 향해 빙글빙글 돌며 올라가고 있었다. 꼭대기에 이르고 보니 더 이상 갈 수 없는 끝자락이었다. 한 번 올라온 이상 뒤를 보거나 되돌아 갈 수 없는 막다른 길이다. 단 한 가지 방법이 있다면 떨어지는 것 외에 선택의 여지가 없었고 그 밑에는 새파란 강물이 넘실거렸다. 지금 같아서는 악어나 하마라고 말하겠지만 알 수 없는 큰 짐승 같은 것이 입을 딱 벌리고 있는 게 아닌가? 택시와 함께 강으로 떨어지는 바람에 놀라 으~악하고 난데없이 소리쳤다.

이 세 가지를 여태껏 생생하게 기억하는 걸 보면 초등학교 일학년 때까지 경풍驚風이라는 경기驚氣를 했던가 보다. 이 중에서 단 한 가지라도 나타나면 그날 밤은 난리가 났다. 다섯 살 때 경기로 인하여 두 형과 누나를 모두 잃었다고 하니 그럴 만도 했다. 나마저 죽으면 넷을 잃는 게 아닌가? 이런 쇠약함 때문에 부모를 비롯하여 할아버지와 할머니로부터 극진한 사랑을 받으며 자랐다. 결국은 가문의 대를 잇는 장손이자 장남이 되었다.

초등학교 6학년 때 진안 마이산으로 수학여행을 간 적이 있었다. 신라시대에는 서대산, 고려시대에는 용출산, 조선시대 이후로는 산 모양이 말 귀와 같다 하여 마이산이라고 부른다. 가장 합리적인 명칭이라는 생각이다. 수 마이산과 암 마이산이 있는데 올라 갈 수 있는 봉우리는 암 마이 봉이다.

큰 바위산 꼭대기는 넓고 평평하며 약간의 경사면을 따라 조심조심 내려가면 깎아지른 절벽 끝자락에 다다랐다. 어떤 친구는 그 절벽 끄트머리까지 내려가 저 밑에 돌탑이 보인다며 '와~' 소리쳤다. 나는 어림없었다. 저 끝까지 가기는커녕 꼭대기 중앙 안전한 곳에 바짝 웅크리고 앉아 있는데도 오금이 저렸다. 빙글~빙글~ 도는 느낌이어서 도무지 일어설 수도 없었다. 그때는 단순히 '엄청 겁쟁이구나'하는 정도의 생각이었지 '고소 공포증'이라는 병자임을 알기나 할 때인가? 올라 갈 때와는 달리 하산할 때는 무섭고 두려워 정말 혼이 났다. 절절매며 바들바들 떨었던 기억이 생생하다.

어렸을 때 경기로 인하여 두려워했던 시간만큼 심장이 약한가 보다. 그 때문에 대담성이 결여된 성격으로 형성된 듯싶다. 매사에 조바심이 농후하고 겁이 많다. 마음 씀씀이가 작은 것도 아니며 그다지 모난 성격도 아닌데, 종종 화를 내고 괜한 일에 가슴이 벌렁벌렁 한다. 때로는 강한 면과 결단력이 있어 보이기도 하지만 소심하다고나 할까? 그런 자아가 내 안에 웅크리고 있음을 보게 된다.

그래도 나를 지탱하고 버팀목이 되어 오늘을 있게 한 것은 신앙이다. 그것이 유머와 재치와 넉넉한 마음, 그리고 성실한 삶과 예의 바른 사람으로 살려는 노력을 기울이게 했다. 오늘도 그것에 감사하며 하루하루를 차근차근 살아가고 있다.

(2015. 9. 13.)

너희들의 인생이 있다

음식은 맛으로 좌우되고 꽃은 향기로 아름다움을 보인다면 사람은 인성에 따라 달라진다. 인성이란 무엇인가? 그 사람이 갖고 있는 사고나 태도나 행동 등의 특성이라고 본다.

생각해 보라. 인성이 바르면 그 사람의 배운 것이 세상의 빛이요 소금이요 사려 깊은 행동으로 나타난다. 그러나 비뚤어져 있으면 그 모든 것이 오히려 세상을 해치는 독이나 흉기로 사용될 수 있다.

두 딸을 키우면서 사랑과 정이 많고 눈물이 넘치면서도 엄한 아버지상을 보였다. 그 결과 엄지만 한 막대기에 '사랑의 매'라 새겨 넣은 회초리가 때때로 춤을 추었다. 대개의 경우 때리는 아빠나 맞는 딸의 기분이 나쁠 만큼 어색하지는 않았다.

하지만 그것이 전부는 아니었다. 열 번이나 스무 번을 그리했다면 그중 한두 번은 감정이 개입되면서 언성이 높아지고 소갈머리 없는 짓이 아이들을 멍들게 했다. 그러고 나면 가슴이 미어터져 내 앞에 딸들을 앉혔다. 아빠의 모진 행동에 대하여 용서를 구할 때는 눈물이 주르르 흘렀다. 아이들도 편치 못했던지 엉엉 울었다. 그 모습이 눈물 속의 영상으로 아른거렸다. 그리고 어느덧 아빠 곁에서 내 눈물을 닦아 주고 있었다. 가녀린 손가락의 촉감을 느끼는 순간 딸들을 와락 끌어안고 한없이 흐느꼈다.

"아빠! 우리가 잘못했어요. 다시는 안 그럴게요. 울지 마세요. 아빠!"

되레 나를 달랬던 것이다. 그렇게 몇 번을 하는 사이 그만 훌쩍 커 버렸다.

인성은 그 옳은 점을 머리로 이해할 수 있어야 하지만 가슴으로도 느껴야 한다. 따뜻한 느낌이 있을 때 비로소 바르게 설 수 있다. 요즘 교육은 지나칠 정도로 머리 중심이다. 머리 좋은 아이는 높은 점수를 받고 가슴이 따뜻하거나 남을 배려하는 아이들은 그 반대의 현상이다. 이런 풍토에서 인성이 제대로 형성될 리 만무하다.

아버지는 점수와 학급 순위에 민감하셨다. 초등학교 때는 언제나 최우수 성적이었다. 하지만 산마루턱을 넘어 다니는 중학교는 달랐다. 큰 고개 두 개, 작은 고개 두 개를 넘어야 했다. 30리(12㎞)길을 매일 걸어서 다니는 것만으로도 기적이었다. 아침에 두 시간 반 오후에는 서너 시간, 하루 대 여섯 시간을 걸었던 셈이다. 언제 공부하겠나? 그런데 아버지는 초등학교 실력을 중학교에서도 에누리 없이 요구하셨다.

그래서 일 년 두 차례 학기말이 되면 통지표 내밀기가 가장 무섭고 겁이 났다. 서너 번 정도는 예리한 면도날 끝으로 살살 긁어서 석차를 앞세운 적도 있다. 기독교 신자로서 할 짓이 아닌 줄 알면서도 매 맞는 것을 더 두렵게 여겼던 탓이다. 그걸 아셨는지 모르셨는지, 아니면 속아주셨는지 가타부타 말없이 계시다가 돌아 가셨다. 성장한 후에도 감히 용서를 구하지 못했다. 아니 그럴 용기가 없었다. 지금까지 그것이 내 속의 찌꺼기로 늘 남아 있다.

속죄하는 마음이 내 안에 있었던가? 두 딸이 고등학교 3학년을 다 마치기까지 '공부해라' '학원가라'하는 말을 일체 하지 않았다. 도장 받으러 오기 전까지는 통지표를 찾은 적도 없었다. 다만 성경을 읽게 하고 책을 읽은 뒤에는 느낀 소감을 두 줄 정도로 쓰게 했다. 그리고 방학이 되면 함께 여행을 다녔다. 이것이 그들의 세계관을 세우고 인격 형성과 함께 학업에 도움이 되었던가 보다. 중등과정 6년 내내 반에서 늘 상위권 안에 머물렀다.

이제 철이 들었다 싶었을 때는 이런 말을 했다. '아빠가 내 인생을 살아가는 것처럼 너희들이 살아갈 인생이 있다. 아빠가 설령 제아무리 위대한 삶을 살았다 하더라도 너희들의 인생을 대신 살아 줄 수는 없다. 공부를 하는 것도 너희들의 인생을 살아야 하기 때문이다 알겠니? 그러니 알아서 해라.'

흔히들 '따뜻한 가슴에 차가운 머리가 있어야 이상적인 사람'이라고 말한다. 그런데 가슴은 따뜻해지지 않으면서 머리만 차가워지고 있는 요즘 아이들이 꽤 많은 것 같아 걱정스럽다.

(2015. 10. 25.)

가난 속에서 핀 형제의 사랑

가족은 3대 관계로 구성된다. 부부 관계, 자녀 관계, 형제자매 관계다. 부부는 성적 관계로 이루어진다. 이혼하면 그만인 까닭에 가깝고도 먼 관계다. 두 관계는 어떤가? 피로 얽힌 혈족 관계다. "피는 물보다 진하다"하지만 여기에서 만큼은 "호르몬보다 강하다"고 하련다. 인간의 액체 중에서 아니, 세상의 모든 액체 중에서 피처럼 강하고 진하고 뜨거운 것은 없다. 그 어떤 액체가 생명을 가지던가? 그 어떤 것으로 만들며 그 무엇으로 대신할 수 있던가? 가장 원색적이요. 가장 근원적이요. 가장 생명적이다.

오래전의 일이다. KBS에서 실시했던 '이산가족 찾기'를 보았다. 대부분의 사람들에게서 부부를 찾는 경우는 희귀했다. 그것을 보면서 '수절하며 남편 또는 아내만을 사무치게 기다리던 자가 과연 얼마나 있을까?' 싶었다.

자녀들은 달랐다. 결혼과 상관없이 버렸다는 생각을 멀리하고 '나를 기억하고 있을까?' 하는데 더 큰 관심을 보였다. 의심도 아랑곳하지 않고 부모를 찾고 있었던 것이다. 그 다음은 형제자매였다. 피로 얽힌 부모와 자식, 그리고 형제자매 간의 진한 감동을 생생하게 보여준 프로였다.

자녀들은 한 부모에게서 형제자매로 태어난다. 한솥밥을 먹고 동고동락하며 함께 자란다. 먹으면 같이 먹고 굶으면 모두 굶는다. 때로는 티격태격 다투고 싸우기도 하지만 위기 때는 하나로 똘똘 뭉친다. 형제자매기 정들지 않을 수 없는 이유다.

내 위로 두 형과 누나를 네댓 살 때 잃었으니 5형제 중 장남은 자연스러운 승계였다. 두 살 터울의 우리 형제는 말 그대로 고만고만하다. 초등학교 4학년 때부터 찾아온 가난은 늘 '비참함'을 껴안고 살았다. 겨울의 주식은 세 끼 모두 고구마요, 반찬은 김치와 깍두기에 시래기 국이었다. 어쩌다 쌀 한 말 생기면 온통 보리밥인 중앙에 하얀 쌀밥 한 줌이 군침을 돋우었다. 그 쌀밥의 언저리를 주걱으로 살살 뒤섞은 다음 할아버지와 아버지, 그리고 어린 막내 밥그릇에 먼저 담아 줬다. 그 나머지는 마구 섞은 밥이었다. 태반이 보리밥이요, 가뭄에 콩 나듯이 하얀 쌀이 유난히 눈에 번쩍거렸다.

선배 지인으로부터 들은 이야기다. 목사님이 심방을 오시자 그 집의 어머니는 식사 대접을 하셨다. 어디서 구했는지 하얀 쌀밥에 강낭콩을 섞은 밥이었다. 윤기가 잘잘 흐르는데 군침이 돌았다. 얼마나 먹고 싶었던지 남기기만을 기다렸다. 그런데 이게 웬일인가? 목사님은 온전히 드시더니 그릇에 물까지 부어 다 마셨다. 그 즉시 선배는 자기 방으로 들어가 엉엉 울었단다. 밥 한 술 얻어먹으려는 기대감도 기대감이지만, 자기를 생각해 줄 사랑의 마음이 한 순간에 와장창 무너졌기 때문이다. 억울함(?)과 함께 분함이 솟아올랐다.

"그래, 목사가 되자. 그러면 쌀밥만큼은 실컷 먹겠구나."

그 결심으로 선배는 목사가 되었다고 하니 목회의 길로 접어든 이유가 참 별스럽기도 하다. 가난과 싸우며 쌀밥이 그토록 그립고 먹는 것이 소원이었던 시절이 있었다.

한 해 겨울은 도토리로 밥을 해 먹은 적이 있었다. 물에 넉넉히 담가 두면 떫은맛이 빠지면서 그런 대로 먹을 만하다. 그러나 미처 담가두지 못하고 먹을 때가 있다. 그 떫은맛이 입안에 오래 남기도 하지만 먹는다는 것 자체가 퍽 역겨웠다. 물론 도토리만 먹는 것은 아니었다. 20%쯤 들어갈까? 산 짐승이나 먹어야 할 먹잇감이 아닌가? 보리밥에 도토리, 약간의 단맛을 내도록 고구마를 넣었다.

중학생이었던 나는 그 어떤 경우에도 까탈 부리지 않고 잘 먹었다. 동생들 역시 오만가지 인상을 쓰긴 해도 꾸역꾸역 먹었다. 그 중 유난히 넷째의 입이 까다로워 낱낱이 가려냈다. 불씨의 도화선이었다. 아버지는 야단을 치시고 어머니는 자식 편에서 몇 마디 하셨다. 그 뒤에 이어지는 것이 신세 타령이었다. '누구 때문에 이 지경이 되었는지'로부터 시작해서 양은그릇을 팔러 다니는 행상의 외로움과 고달픔을 다 털어 놓으시며 눈물짓던 어머니의 모습이 눈에 밟힌다. 종종 있었던 우리 집안의 일이었다.

그래도 어려운 환경의 버팀목은 신앙이었다. '오늘의 어려움은 내일의 축복'임을 생각하고 가난을 이긴 것은 믿음이었다. 우리 형제는 이 가난과 신앙이 어우러지면서 부모에 대한 존경과 효심이 깊어졌다. 형제 간의 사랑이 혈맥의 정으로 굳건히 다져졌다.

자칫, 가난 때문에 내던질 수도 있는 주변 환경을 슬기롭게 대처했다. 이제는 가난하던 시절이 다 지나갔다. 그저 감사와 기쁨만이 넘실거린다. 고난과 시련을 함께 겪으며 우리 형제는 돈독한 형제의 우애를 쌓았던 것이다.

(2015. 7. 29.)

나는 괜찮다

사람은 참 묘하다. 같은 상황에서 똑같이 듣고 보고서도 각기 다른 생각을 한다. 긍정 또는 부정으로 받아들이고, 되는 것이 아니면 안 되는 이유를 찾는다. 그런가 하면 불평과 짜증 속에서 비판을 즐기는 자가 있고 감사와 칭찬을 좋아하며 넉넉한 마음의 사람이 있다. 긍정적으로 살고자 하는 내 안에 새로운 힘이 항상 꿈틀거리고 있음을 본다.

홀로 사시며 '나는 괜찮다' 하시는 어머니에게서 지난한 삶의 역사를 느낀다. 가을의 문턱에서 자식들의 김장을 걱정하시기에 '우리가 다 알아서 할 테니 염려하지 마시라'고 해도, 아직은 힘이 있다며 '괜찮다'하신다.

뙤약볕이 이글거리는 어느 날이었다. 혹시 밭에 나가셨나, 걱정이 되어 전화를 드렸다. 90을 넘긴 지금까지도 잘 지냈는데 무슨 일이 있겠느냐는 듯 '괜찮다'고 하셨다. 그 연세가 되면 걱정하는 자식의 마음을 모르는 건가? 집에 가면 옥수수를 삶아 주시고 텃밭의 토마토를 따 오신다. 힘드니까 하시지 말라 해도 그저 '괜찮다'는 것이다. 맛있게 먹고 가는 자식의 뒤를 보면 흐뭇하신가 보다.

한 해가 저물고 연초가 되어 시골집을 찾아 어머니를 뵈었다. 보일러에 기름이 가득하고 방안에 대형 전기장판도 있었다. 난방에 전혀 손색이 없음에도 불구하고 찬물이 나왔다. 냉기는 코끝에 달라붙고 온기를 의지해 앉을 만한 데가 없었다. 아내는 발을 동동거리며 어쩔 줄을 몰라 했다. 넷째 동생이 다녀가면서 아주 약하게 해놓고 거실이나 방안에 더운 공기가 감돌게 해 놓았는데 꺼버렸다는 것이다. '왜 이렇게 사시냐?'고 했더니 '괜찮다'고 하셨다.

체질적으로 더운 것은 싫다고 하시지만 가슴이 아팠다. 겨울 지나기까지 우리 집에 와 계시라고 할 때도 역시 '괜찮다'는 것이다. 교회를 걱정하시는 마음 때문이었다. 나이가 많다 해도 10년 이상이나 젊은 권사님들의 성경을 찾아줘야 한다는 것이다.

실제로 성도들이 어머니를 무척 좋아한다. 무슨 일이든지 묻고 상의하는 재미에 떠날 수 없어 하신다. 대왕대비처럼 생각하는 교인들이다. 편전에 계시기만 해도 무게감이 실리는 왕의 위엄 같은 것을 느끼나 보다. 그 자리에 계시는 것만으로도 시골 교인들은 마냥 좋아하며 어머니 주변에 늘 모인다, 목사와 교인들의 가교역할을 능란하게 하신다. 어쩌다 목회하는 큰아들 교회에서 예배를 드리고 오는 날이면 허전하다며 난리란다. 그렇기에 "난 괜찮다. 여기가 좋으니께 염려하지 말그래~" 하시며 우리 집에도 안 오신다.

그날 저녁 무주 읍내에 나가 식사를 대접하고 오는 길이었다. 집에 가시자고 다시 설득했으나 여전히 '괜찮다'고 하셨다. 그 순간 김치와 멀건 된장국에 깻잎이 전부였던 점심을 내 놓으신 어머니의 모습이 스쳤다. 반찬이야 아내가 해 온 것이 있었지만 해 드시는 것이 야속해 울음을 참을 수 없었다. 살면 얼마나 산다고 저러시나 싶어 불효자라는 생각이 들어 운전 중인데 눈물이 쏟아졌다. 그것을 보셨는지 "한 목사! 울고 있냐?" 하시기에 '100년을 넘게 사시면 얼마나 좋겠어요.'하면서, '그렇게 아끼고 또 아끼시는 모습이 너무 안쓰럽고 가슴이 아파 견딜 수 없다. 식사를 겨우 했다. 어머니는 '괜찮다' 하시지만 자식의 가슴에는 대못이 박힌다. 만약 이 상태에서 돌아 가신다면 도무지 견딜 수 없겠다.'며 엉엉 울었다. 결국은 "아들아! 울지 마라. 갈란다. 내 생각이 짧았다."하시더니 눈물을 닦으시며 승복하셨다. 그리고 설날이 되어 시골집에서 온 가족이 다 모이는 날까지 우리 집에 계셨다.

흐르는 세월 속의 나이 탓은 어쩔 수 없나 보다. 어머니께서 그러하셨듯이 나를 걱정하는 딸과 사위의 말끝에서 '괜찮다.' 하는 말이 너무 자연스럽다. 늙어가는 이들이 두고 쓰는 표현이 '괜찮다!'인 것 같아 보인다. 그런데도 '괜찮다!'란 말을 하자면 어쩐지 서글퍼진다.

(2015. 11. 4.)

3부

행복한 만남

인생의 만남 중에서 가장 중요한 것은 너와 나의 만남이다. 부부와 자녀가 만나고 스승과 동료를 만난다. 그리고 숱한 사람들을 만난다. 그런데 만나고 싶은 사람이 있고 만나고 싶지 않은 사람이 있다. 사랑하는 사람과 헤어지는 괴로움도 크지만 미워하는 사람과 만나야 하는 고통은 더할 것이다.

행복한 만남

인생은 늘 만남으로 이루어진다. 산다는 것 자체가 만남이다. 내가 너를 만나고, 네가 나를 만나는 것이다. 역사의 만남, 자연의 만남, 종교의 만남이 있다. 종교야말로 인생의 가장 깊은 만남이다. 하나님을 만나고, 부처를 만나고, 공자를 만난다. 진리의 절대자를 만나려는 노력이 곧 종교 아닌가?

인생의 만남 중에서 가장 중요한 것은 너와 나의 만남이다. 부부와 자녀가 만나고 스승과 동료를 만난다. 그리고 숱한 사람들을 만난다. 그런데 만나고 싶은 사람이 있고 만나고 싶지 않은 사람이 있다. 사랑하는 사람과 헤어지는 괴로움도 크지만 미워하는 사람과 만나야 하는 고통은 더할 것이다.

수요일 오전이 몹시 기다려진다. 신아문예대학의 수필시간 때문이다. 교수님과 문우들을 만나고 수필을 만난다. 오늘까지의 인생에서 이토록 다양한 분들을 만나긴 처음이다. 내게 주어진 행복이다.

김학 지도 교수님은 33년을 방송에 종사하시고 전북대학교 평생교육원에서 13년 동안 수필을 가르치셨다. 웃는 듯 마는 듯이 번지는 미소에서 수강생들의 마음을 사로잡는다. 저 깊은 속내에서 우러나오는 잔잔한 음성은 민낯의 여성처럼 상큼하다. 성실하게 준비하시는 강의안은 읽는 것만으로도 친밀감이 있다. 어디 그 뿐인가? 제자들의 글을 낱낱이 읽고 수정해서 부족한 면을 메우시는 그 열정, 그 애정, 그 친절에 무엇을 더 바라겠는가? 한없이 감사할 따름이다. 이 아름다운 만남 때문에 교수님 곁을 쉽게 떠나지 못하는가 보다. 그저 스쳐 지나가는 사람으로 끝나게 될 상황에서 교수와 제자로 만났다.

우리 문우들 대부분이 지금은 직업 전선에서 한 발 뒤로 물러나 있다. 어떤 이는 교육공무원으로서 교장을, 어떤 이는 행정공무원으로서 서기관을, 또 경찰공무원으로서 오랜 수사관직을 수행하면서 호령했을 분들이다. 또 다른 분은 그 지역에서 유교문화를 발전시키고 있다. 농사분야에 종사하는 분도 있고 현직 목회자도 있다. 다양한 사람들의 만남이 한 장소에서 한꺼번에 이루어진다. 문학의 한 장르인 수필의 역할이 참으로 크다고 하겠다.

기독교에서는 모든 만남을 '우연'이 아니라 하나님의 '섭리'로 본다. 불교에서는 전생에서 500번 이상 만났던 인연으로 금생에서 잠깐 옷자락 한 번 스치면서 지나간다는 것이다. 매일의 삶 속에서 수없이 사람을 만난다. 얼굴을 바라보며 옷소매 한 번 스치고 지나간다. 서로가 누군지 모른다. 알려고 하지도 않고 알 필요도 없 다. 그럼에도 불구하고 만남이 착착 이뤄지고 있다. 도무지 믿어지지 않는 사건 중에 큰 사건이다. 얼마나 재미있는 일인지 모른다.

어쨌든 만나야 한다. 훌륭한 스승을, 성실한 진리의 사람을, 그리고 진지한 학자나 위인을 만나야 한다. 혁명가나 영웅은 어떤가? 우리의 부정적 기억 때문에 금기시하는 경향이 있으나 분명한 철학과 사고를 지녔다면 반드시 만나야 한다.

성경의 시작점에서 카인과 동생 아벨이 등장한다. 이들 형제는 질투와 살해의 만남이었다. 질투의 노예가 된 카인은 강하게 일어난 감정적 흥분 때문에 동생을 죽였다. 인생길에서 그들 형제는 저주스러운 만남이었다. 예수님과 유다의 만남은 어떤가? 배신과 가책의 만남이었다. 은 30냥에 눈이 어두운 제자 유다는 자기 스승을 팔아 버렸다. 배신했다는 그 양심의 가책 때문에 목을 매고 죽었다. 결코 좋은 만남이 아니다. 만나지 말았어야 하는 악연이었다.

'인간이 인간답게 산다.'는 것은 좋은 만남의 증거다. 부모와 처자를 만나고, 멋진 친구와 애인을 만나고, 참된 스승과 제자를 만나는 것이다. 지금 우리가 '수필'이라는 우산 아래서 몸과 마음이 하나 되어 모인다. 참으로 행복하고 좋은 만남이다. 서로를 깊이 이해할 수 있고, 즐거운 대화를 나눌 수 있으며, 흐뭇한 정을 주고받을 수 있다. 인격과 존경스러운 만남이요, 열정과 내일의 희망을 바라보는 만남이다. 김학 교수님의 지도를 받는 모든 수필반마다 이 좋은 만남이 늘 이뤄지리라 믿는다. 사랑과 존경과 신뢰 속에서 갖게 되는 사제와 동료 간의 만남이야말로 얼마나 큰 축복인가? 두터운 정이 듬뿍 담긴 행복, 그 아름다운 만남이 매주 수요일마다 솟아나길 바라는 마음 간절하다.

(2015. 7. 26.)

작은 배려 큰 사랑

인도의 시성 타고르(1861~1941)가 있다. 동양인 최초의 노벨문학상 수상자다. 시인이요 사상가요 교육자다. 독립운동에 앞장섰던 민족의 중심이었다. 일제 식민 지배하에서 신음하던 1920년, 우리 민족을 향하여 '동방의 등불'이라는 시를 썼다. 한국인의 고통과 서러움을 달래준 위인이다. 이런 그에게 잊지 못할 일화가 하나 있다.

하루는 세 시간이 넘도록 하인이 출근하지 않았다. 사전에 얘기가 없던 터라 화가 치밀었다. 분노가 솟아올라 더 이상 참을 수 없어 '오는 즉시 해고'를 결심했다. '까마귀 날자 배 떨어진다.'더니 하인이 숨을 몰아쉬며 허겁지겁 들어섰다. 그 순간

'당신은 이 시간부터 해고야. 이 집에서 당장 나가'라고 소리쳤다. 주인의 태도가 평소와는 전혀 달랐다. 소스라치게 놀란 하인은 그

자리에 털썩 주저앉고 말았다.

"주인님! 죄송합니다. 죽을죄를 지었습니다. 하오나 지난 밤 제 딸 아이가 죽어서 아침에 묻고 그저 황급히 달려 왔습니다. 한 번만 용서해 주십시오."

타고르는 충격에 빠졌다. '아무리 작은 일이라도 타인의 입장에서 생각하고 배려하고 사랑하리라.'는 결심을 가졌다. 그의 이 같은 배려가 통 큰 사랑을 낳게 하고 민족 앞에 우뚝 서도록 했다. 남을 배려할 때 사랑이 시작되는가 보다.

목회의 첫 부임지는 전형적인 농촌이었다. 사방팔방이 들녘이요, 목가적인 풍경이 눈을 시원하게 했다. 바루 이곳에서 1년 동안 도둑이 들었다. 천 원짜리 지폐가 만연하던 시대에 서른 장이 있으면 서너 장만 없어졌다. 좀도둑이라고 생각했으나 처음에는 눈치를 채지 못했다. 두 아이는 유아였으니 알 턱이 없고 아내는 그런 일이 없다는 것이다. 의심의 시선을 밖으로 돌렸다. 격랑의 시작인지 축복의 서막인지 아리송한 생각 속에서 첫 목회를 시작한 셈이다.

서울의 한 교회에 있을 때 우리를 몹시 좋아하던 아가씨가 휴가차 왔다. 며칠 쉬다가 월요일 아침 짐을 챙기고 있었다. '여비는 있느냐'고 했더니, "그럼요!" 하기에 그래도 잘 살펴보라고 했다. 지갑을 뒤척이더니 고개를 갸웃거리며 이상한 눈치를 보였다. 5~6만원은 있을 것이라고 생각했는데 3만원뿐이라는 것이었다.

"거 봐 보길 잘 했지. 혹시 우리 집에 누가 들어 온 거 아냐?"

"글쎄요, 어제 아침 마당을 나서는데 교복 입은 키 큰 학생이 막

들어오면서 저를 보더니 흠칫 놀라 도망치듯 나갔어요."

'수요일 저녁 예배시간에도 틀림없이 너의 짓'이라는 정황을 포착하고 한 녀석에게 시선을 모았다. 그리고 일주일 만에 붙잡았다.

교회 사무실로 불러들여 '어찌 된 일이냐'고 추궁했다. 우리가 이사 오던 날 '일을 좀 도와드릴까?' 하고 왔다가 마당에서 열쇠 하나를 주웠다는 것이다. 우리가 없는 틈을 이용해서 열쇠를 넣어보니 딱 맞았다고 했다. 그때부터 1년 동안 거침없이 들락거렸던 것이다. 예배시간이면 문을 잠그고 교회로 가는데 바로 그 시간을 노렸다. 한 번도 제지를 당하거나 의심받은 일이 없어 맘 놓고 했을 것이다.

그래서 몇 번이고 얼마를 훔쳤는지 기록한 다음 각서까지 받았다. 매를 들었는데 차라리 몽둥이라고 하는 게 맞다. 넉 대를 때리며 '세 번은 하나님의 매요, 한 번은 목사님의 매'라고 했다. 이후에도 나쁜 마음이 생기면 이때를 꼭 기억하라고 신신당부했다. 손을 잡고 간절히 기도한 다음 매를 들었다. 심히 아팠을 것이다.

매를 들었을 때 한 말이 '내가 너를 사랑하기 때문'이라고 했다. 그 말을 아쉽게 여기는 것은 '사랑한다면 왜 그 짓을 했는지 차분히 듣고 배려하는 게 도리였다. 그런데 어째서 매로 다스렸을까?' 하는 자괴감이 내 안에 아직도 찌꺼기처럼 남아있다.

물론, 그것이 약이 되어 도벽성이 달아나고 온전한 사람이 되었다며 그의 부모가 몹시 좋아한 면도 있다. 그리고 자신은 신학교에 들어가 학생들을 지도하는 전도사가 되어 조금도 부끄럼 없이 그런 사실을 간증한다는 것이다.

그럼에도 불구하고 내 생각 속에는 배려와 사랑의 통 큰 마음을 갖지 못한 아쉬움이 늘 도사리고 있다. 타고르 같은 위인이 될 수 없는 요인이 바로 이런 차이란 점을 새삼스럽게 느낀다.

(2015. 8. 10.)

흙과 더불어 사는 친구

사람이 먹고 입고 쓰고 자는 것의 일상적인 삶이 얼마나 중요한가? 그 중에서도 먹을거리가 첫 번째인데 무엇을 어떻게 먹느냐가 늘 관건이다. 먹는 것으로 장난치는 사람들처럼 미운 오리 새끼 같은 존재는 없다.

'어이~ 걱정 말고 껍질까지 다 먹어 그게 진짜 사과를 먹는거야.' 넘치는 자신감으로 과수원을 운영하는 초등학교 동창 친구의 말이다. 내 고향 무주 여원리 그 윗동네 광포에서 살고 있다. 이 청순한 사나이가 야심찬 꿈을 안고 고향으로 내려왔다.

서울의 거대 도시가 무주 촌놈이라고 살갑게 보듬어 줄 만큼 호락호락한 곳인가? 이것저것 다 해보지만 청정 지역의 촌뜨기에게는 버거울 뿐이었다. 세월의 빠름을 원망해 보지만 어쩔 것인가? 이리저리

방황하다가 20대 후반에 낙향을 했다. '빌어 먹더라도 공기 신선하고 인심 좋은 고향에 가면 낫겠지.'하는 생각으로 내려 왔다는 것이다. 객지에서 돈을 벌기는커녕 빚지지 않은 것만으로도 천만다행이란다.

결혼할 때에도 부모로부터 땅 한 평 물려받지 못한 가난뱅이 청년이었다. 가진 것이라곤 피 끓는 젊음과 도전 정신이 전 재산이었다. 땅을 임대해서 벼농사와 함께 고추를 심었다. 논은 황금 물결로 출렁거리고 밭은 빨간 고추로 물들었다. 고추잠자리가 시골의 정겨움과 낭만을 더해주었으나 문제는 소득이었다. 더 나은 수입을 기대하고 인삼농사를 시작했다. 수년 동안의 땀방울은 거짓 없이 보답했고 30대 중반의 젊은 농부를 빙긋이 웃게 했다.

땅의 진실과 땀의 결실을 배우며 노력한 만큼 풍요로워졌다. 그 기쁨은 마음의 양약이요 청량 음료였다. 성공적인 인삼 재배로 논 3천여 평과 임야 천오백 평을 마련하게 되었다. 동네에서 가장 알짜배기 논이요 누구나 탐내는 쌀밥의 보고였다. 그 좋은 논을 갈아엎고 임야와 합쳐 오천 여 평의 땅을 사과밭으로 일구었다.

선구자는 언제나 힘들고 외로운 법이다. 따가운 시선이나 비아냥거림을 감수해야 한다. 동네사람들 모두의 반응은 "미친 놈!"이었다. 경험도 없는 처지에 빨간 사과의 매력에 푹 빠져 가장 좋다는 논을 파헤쳤으니 손가락질은 당연했다. 지금은 동네의 여러 사람들이 과수원을 한다. 수입이 짭짤해서 재미가 이만저만 아니다. 무주의 '반딧불 사과'를 전국적으로 빛내는 전문인 농부로서 동네의 칭찬이 자자하다.

이런 친구에게 인생 최대의 고비가 닥쳐왔다. 18살이던 둘째 아들이 교통사고로 목숨을 잃었다. 세상이 원망스럽고 동네마저도 보기 싫었다. 도무지 견딜 수 없는 고통과 슬픔 속에 가슴이 쓰라렸다. 더 이상 참을 수 없어 모든 것을 내팽개치고 10년 이상을 방황했다. 고향을 버린 채로 방랑 생활을 하면서 영영 가지 않으려고도 했다. 정신을 차리고 다시 돌아왔을 때는 50대의 중년이 되었다. 방치하다시피 한 사과밭을 다시 일궈내고 본격적으로 시작한지 어언 15년이 넘었다.

지금 출하되고 있는 '홍로'를 보는 것만으로도 즐겁다는 것이다. 빨간 사과가 유혹의 손짓을 했다. 전주의 친구와 함께 과수원을 찾았다. 우리는 사돈에게 줄 것까지 두 상자를 샀다. 가면서도 살듯 말듯 하던 친구는 사과 맛에 탄복해 다섯 박스나 구입했다. 희뿌연 것이 묻어 있어 의심스러워 만졌더니 '칼슘제'라고 했다. 출하하기 2개월 전부터는 일체 농약을 하지 않고, 무더운 여름의 병충해 때문에 살충제를 한 번 살짝 뿌리지만 일주일이 지나면 전혀 문제 되지 않는다고 했다.

영농 조합으로 출하하는데 검사에서 농약 성분이 검출되면 그 즉시로 '판매금지' 딱지가 붙어 그해 농사는 완전히 거덜 난다는 것이다. 일 년 농사 잘 짓고 누가 그 짓을 하겠냐며 '걱정 말고 그저 쓱쓱 닦아서 먹으라'니 안심이었다.

우리 어머니를 잘 아는 친구여서 5kg짜리 한 상자를 청구했다. 돈을 받지 않으려는 친구에게 '1년 내내 땀 흘려 지은 농사인데 그럴 수는 없다'며 몇 번이나 받으라고 사정했다. 그러자 "에이 참, 그럼 만원만 줘" 하면서도 몹시 쑥스러워했다. 가면서 먹으라고 비닐봉지에 잔뜩 담아 주었다. 사과 한 개씩만 매일 먹어도 잔병치레를 하지 않는다기에 6-7년 전부터 떨어지지 않고 먹는 중이다.

탐욕이 넘실거리는 세상에서 욕심 부리지 않고 사는 친구, 고향의 문턱에 들어서면 늘 반기는 어릴 적의 동무, 그 산골짜기 무주에서 흙과 더불어 정직하게 일하며 살고 있는 그가 있어 좋다. 때 묻지 않은 그 순수함을 볼 수 있어 만날 때마다 행복하다. 그래서 '존경스럽다'며 손을 꽉 잡았다. 그랬더니 친구의 대답이 나를 흐뭇하게 했다.

"이제 나이가 들었나 봐, 사과 농사가 너무 힘들어. 그래도 보람이 있지. 친구가 그렇게 말해주니까 더 힘이 나네. 고맙다 친구야! 조심해서 가"

(2015. 9. 5.)

사랑 쌓기

천지창조 시에 아담과 하와의 만남으로 인간의 역사가 시작되었다. 인간은 관계 속에서 살아간다. 만남은 곧 관계를 말한다. 이 만남에서 비롯된 관계를 난 무척 중요시하며 살아왔고 또 앞으로도 그렇게 살아갈 것이다.

사람을 단순히 '인人'이라고만 하지 않고 '인간人間'이라고 한 뜻은 무엇일까? 인간은 혼자 살 수 있는 존재가 아니다. 모든 사람들 '사이'(間)에서 산다는 뜻이다. 부자지간 부부지간 사제지간, 그리고 문우지간 등이 그렇다. 하여간 나를 둘러싼 그물 속에서 살아간다.

인간은 세상을 살아가면서 삼대 관계를 맺는다. 신과의 관계, 사람과의 관계, 사물과의 관계가 그것이다. 물론 다 중요하지만 특히 사람과의 관계에서 만큼은 좀 더 눈을 크게 떠야 한다. 이 관계가 원만

하면 기쁨과 즐거움으로 행복하기 마련이다. 그러나 헝클어지면 모든 면에서 불행해진다.

시골 교회에 가까이 지내는 선배 목사님이 계신다. 그 내외의 관심과 배려에서 나오는 사랑이 얼마나 큰지 모른다. 교인들의 감칠맛과 정성스러움은 보통이 아니다. 사모님은 우리에게까지 이것저것을 늘 챙긴다. 필자가 '고산읍 교회'에서 시무하다가 전주 시내로 부임할 때 결정적인 역할을 하면서부터 돈독한 관계가 되었다. 생각하면 할수록 사랑의 관계요, 만나면 기쁨 두배 되는 선배이자 친구다. 큰 축복이 아닐 수 없다.

그 선배의 컴퓨터 수리 기술은 일품이다. 공업고등학교 출신답게 차분하면서도 아주 꼼꼼히 살핀다. 버려야 할 것도 그의 손에만 들어가면 새 것처럼 바뀐다. 그 덕에 우리 교회나 사택의 컴퓨터는 수년 동안 무리 없이 잘 돌아 가고 있다. 우리 딸들도 놀라며 인정한 실력이다. 이처럼 늘 신세만 지고 산다. 결코 잊을 수 없는 은혜요 따뜻한 사랑의 빚이다.

그러자 이 은혜를 조금이나마 갚을 수 있는 기회가 왔다. 선배의 눈이 침침해서 안과 몇 군데를 다녔으나 판정은 '백내장'이었다. 평소부터 H안과 실장과 좋은 관계를 맺고 있던 터라 그곳으로 모셨다. 그를 만나 목사님을 소개하고 무료 수술을 부탁했더니 손사래를 쳤다. 요즈음 병원이 어려워지고 있어 무료는 힘들고 50%만 해 드린다고 했다. 그래서

"아니, 누구든지 모시고 오면 언제라도 '무료'라 해 놓고 이제 와서

무슨 소리야? 시골에서 모시고 온 목사님이니까 실장님이 알아서 해."하고 되레 큰 소리를 쳤다. 내 팔뚝을 꽉 잡더니 호방하게 너털웃음을 지으며 순간을 넘기는 말이

'아이고 목사님! 내가 어떻게 하나님의 종을 이긴다. 알았어요. 알았어, 이번 한 번 만입니다."

이후부터는 누구든지 '50%'에 해주기로 약속하고 좋은 관계를 지속하기로 했다. 실장의 안내를 받아 '먼 길인데 언제 또 오시겠냐?' 며 예약 없이 신속하게 진행시켜 드렸다. 그래도 검사부터 수술까지 서너 시간이나 걸렸다.

그 이튿날에 다시 병원을 찾았다. 수술 여부를 점검하더니 잘 되었다며 안대를 벗겼다. '전에는 희뿌연 하게 보이던 것이 환하게 보이는데 짝 눈으로 보여 이상하다'는 것이다. 실은 백내장의 정도가 수술한 쪽은 70%, 다른 쪽은 50%쯤 진행되었다고 해서 나중에 하기로 했다. 크게 감사하고 병실을 나왔다.

그 후 일주일이 지나 오른쪽 눈도 수술하고 안대를 벗었다. 이제야 균형이 잘 맞는다며 무척이나 기뻐했다. 어쩌면 이렇게도 잘 보이는지 세상을 새롭게 사는 기분이라는 것이다. 나에게 몇 번이나 감사하다고 인사했다. 할 일을 했을 뿐인데 도리어 민망스러웠다. 사랑의 짐을 조금은 벗은 것 같아 퍽 기분 좋은 날이었다.

친구 중엔 인내심을 가지고 이해하려는 노력이 필요한 벗이 있다. 그런 사람은 성의를 다하고 관용을 가지며 슬기로운 지혜로 맞서야 한다. 그런가 하면 상대방의 말을 건성건성 들으며 자기만의 이야기

를 늘어놓는 이도 있다. 서로의 대화를 존중히 여기고 톱니바퀴 돌아가듯이 맞물려 가면 얼마나 좋을까? 한 발 앞서서 상대의 취미에 관심을 보이며 칭찬으로 나간다면 이에 더 무엇을 바라겠는가?

이 선배를 만나는 것이 얼마나 행복하고 좋은지 모른다. 봄바람 향기에 찾아드는 환희歡喜요 축복이다. 오늘 뿐 아니라 먼 훗날까지 그 선배와 함께 훈훈한 정을 나누며 살아가련다. 만나면 기쁘고 헤어지면 서운한 사이로 격이 없다. 있으면 있는 대로 없으면 없는 대로 그저 나누고 신바람 나게 살면 될 게 아닌가?

봄볕 아래 번지는 햇살 같은 관계다. 신뢰와 인격이 만나 하하 호호하며 사랑의 관계를 점점 쌓아가고 있다. 서로를 아끼고 존중히 여기는 관계다. 우리의 이런 만남이 행복이요 낙원이자 삶의 터전이다.

(2015. 8. 6.)

진정한 사랑의 그녀

금강 최상류의 물줄기를 무주에서는 남대천이라 부른다. 읍내를 가로질러 유유히 흐르고 있다. 보기만 해도 시원하고 여유가 넘친다. 강물이 줄어들 때가 있어도 마르지는 않는다. 무주의 인심이 후덕하고 정감이 넘치는 것은 그 강물 때문이리라.

마종기 시인의 '우화의 강'이란 시는 이렇게 시작한다.

"사람이 사람을 만나/ 서로 좋아하면 두 사람 사이에 물길이 트인다./ (중략)/ 아무러면 큰 강이/ 아무 의미도 없이 흐르고 있으랴"

그녀와 함께 남대천가에 앉았다. 별들이 친구로 내려와 앉은 밤이었다. 그 별빛이 물살을 따라가며 반짝거렸다. 통행금지 사이렌 소리에도 아랑곳하지 않았다. 그저 거기에서 흐르고 있을 뿐 강은 둘 만의 이야기를 물소리로 화답했다.

신앙만을 대화로 승화시킨 우리의 이야기는 세속적인 화제를 비켜 갔다. 그녀의 끝없는 신앙 고백에 '밤이 깊었으니 이제 그만 가자'고 재촉할 수도 없었다. 별들도 지쳤는지 하나둘씩 사라진 밤이었다. 우리는 그 자리에 앉은 채 밤을 새웠다. 그런 게 한두 번이 아니다. 그 남대천은 지금도 고고히 흐르고 있으며 예전의 모습을 고스란히 간직한 채 변함이 없다.

5형제 가운데 장남으로 자랐다. 누나가 그립고 여동생을 동경한 터여서 한 살 아래인 그녀는 동생 같으면서도 친구요 연인이었다. 그날의 밤들을 남대천은 잘 알고 있다. 우리의 만남이 다정다감한 친구 사이였음을, 단 한 번도 야릇한 감정의 선을 넘지 않았음을, 무주의 한 귀퉁이에서 유학(?) 온 촌놈의 위로자였음을, 그리고 신실한 믿음의 동반자였음을 말이다. 조물주는 하늘의 천사들을 들러리로 보내셨다. 지금도 우리는 그 순수함에 고무되었던 때를 생각하고 감사하며 종종 만난다.

그녀와의 첫 만남은 이랬다. 고등학교 입학 후 교회에 나갔으나 아는 사람이 없었다. 나 혼자 쓸쓸히 봄날의 햇살을 받으며 담벼락에 붙어 있었다. 너무 초라하고 볼품없어 보이는 촌뜨기 아닌가? 그러고 있는데 한 소녀가 성큼성큼 다가와 한마디 던졌다. "어디서 왔어요?"

이 한마디로 맺어진 인연은 내 인생의 큰 활력소가 되었다. 오랜 친구로 만나게 된 시작점이기도 하다. 자취하는 방에 수시로 반찬을 가지고 왔다. 정육점의 부잣집 딸이어서 심심찮게 고기도 먹었다. 가난뱅이 고교생인지라 도시락은 꽁보리밥이었다. 그마저도 챙기지 못한 게 태반이었다. 음악실 지킴이 탓에 점심시간의 주인이었다. 피아노를 치며 보내는 나만의 공간이었다. 가끔은 그곳으로 찰밥이 배달되었다. 여동생이 가지고 온 그녀의 사랑스러운 온기였다. 그야말로 꿀맛이었다. 찰밥을 좋아하게 된 이유다. 지금도 찰밥을 먹을 때마다 그날이 생각난다. 학창시절부터 무주에서 있었던 직장생활까지 6년 내내 그랬다. 그녀의 한결 같은 마음이었다.

그 시절 내 곁에 있었던 그녀는 퍽 착하고 영리한 소녀였다. 공과 사가 분명하면서도 정이 넘치는 아가씨였다. 신이 보내주신 천사였다. 산골짜기 소년에서부터 청년이 되고 군대 가기 전까지 진정한 나의 위로자였다. 그녀가 내게 베푼 사랑이 아가페였음을 알게 된 것은 신학을 공부하면서부터였다.

헬라 말에서는 사랑을 넷으로 구분한다, 에로스는 육체적인 사랑이다. 애인이나 연인 사이의 사랑으로 육적인 매력에 반하여 느끼는 감정이다. 스토르게는 가족적인 사랑이다. 필리아는 친구 간에 느끼는 따뜻한 우정의 사랑이다. 아가페는 신적인 사랑으로 희생을 뜻한다. 사람들 사이에 사용되긴 해도 신에 속한 사랑이다.

인간 속에서 아가페의 사랑이 넘실거릴 때 숭고하고 희생적인 사랑으로 번진다. 이것에 점령당한 사람은 이전의 사랑을 초월한다. 그리고 청년 시절의 육체적 사랑은 저속하게 느껴질 뿐이다. 이는 순전히 내 경험에 따른 고백이다.

그녀가 베푼 사랑이 곧 아가페요 진정한 위로였다. 어떤 대가나 수고에 연연하지 않은 희생이었다. 그 순수한 만남이 내 생애의 물길을 텄다. 그 아름다운 사귐은 내 청소년기의 외로움을 달래준 황금기였다. 그 인연은 스스럼없이 만나는 연인이었다가 혼기가 되어서는 각기 다른 사람을 만나 결혼했다.

지금은 양쪽 부부가 종종 만난다. 앞으로도 서로를 존중히 여기며 친구처럼 살아갈 것이다. 아가페 사랑이 남겨준 희생의 결과가 얼마나 아름다운가?

(2015. 5. 27.)

애연가 친구

건강한 신체는 그냥 얻어지는 게 아니다. 끊임없이 노력하고 관리해야 유지된다. 소박한 삶을 지향하면서도 적당한 운동을 하고 오염되지 않은 먹거리를 즐겁게 먹어야 한다는 것은 누구나 아는 상식이다. 이것을 몰라서 건강을 잃는 게 아니라 알면서도 아는 것만큼 실천하지 못하는데 따른 문제다.

"담배를 피우면 몸에 해로울 뿐이지 전혀 이로울 게 없다."

이게 하루 이틀의 얘기인가? 연구 결과가 수없이 발표되고 담배의 겉표지에는 경고문까지 새겨져 있다. 하지만 대부분의 애연가들은 닭 소 보듯 한다. 요즘엔 담배의 폐해에 대하여 끔찍한 영상으로 금연 캠페인을 벌이고 있다. 과연 그것이 얼마나 많은 사람들의 충격요법이 될지는 미지수다.

원자력병원 폐암센터에서 신문지상에 발표한 내용이다. 이것을 설교 때 양념처럼 사용할 목적으로 고이 간직하고 있었다. '흡연은 모든 암으로 연결되는 고속도로' 라는 것이다. '끽연으로 인한 질병 때문에 조기 사망한 미국인이 전쟁 중에 숨진 미국인의 10배가 넘는다.'고 했다.

통계청이 내놓은 2013년의 사망 원인을 보니 우리나라 사람들의 사망 원인은 암, 뇌혈관 질환, 심장 질환, 순이었고 모든 연령대의 사망원인 역시 암이 1위였다. 통계적으로는 흡연자의 폐암 유발 원인으로 비흡연자 대비 최소 9배부터 20배까지 증가하는 것으로 보고되었다 담배에는 니켈, 벤젠, 비소 등 직접적인 발암 물질의 종류만 60여 종 이상이 함유되어 있다.

이래서 사랑하는 내 친구 E가 세상과 이별했나? 40대를 버거워하며 그토록 힘들어 하더니 50의 고개를 넘기가 무척 힘들었던가 보다. 그야말로 '줄 담배 인생'으로 살더니 더 이상 힘을 쓰지 못한 채 한줌 흙으로 사라졌다. 참 좋은 친구였는데 무척이나 안쓰럽고 아쉽다.

무주의 우리 집에서 진안군 안천중학교까지는 12㎞나 되었다. 3년 동안 눈이나 비를 맞으며 한 번도 거르지 않고 동행한 친구였다. 그 먼 길을 걸어 다닐 때 스스로 한 말이 '난 죽어도 담배는 안 피운다.'는 고백이었다.

친구의 아버지도 흡연으로 인한 해소 기침과 가래에 시달렸다. 그것 때문에 단명하셨음을 알고 그랬는지 묻지도 않은 말을 제 스스로 했던 착한 벗이었다. 선친의 고통스러움에 얼마나 가슴 아팠을까?

그 어린 마음에 깊은 상처가 되어 결심했을 것이다.

간간이 그 친구 생각이 나면서 떠오르는 말이 있다. '난 죽어도 담배는 안 피울 거야.'했던 말이 '난 죽어도 담배를 피울 거야.'하는 말로 들린다. 도대체 왜 그러고 살았을까? 건강을 지키고 싶어 '결코 하지 않겠다.'고 다짐한 것이 '건강을 해쳐도 상관없다'는 생각 속에서 제 맘대로 살았던 성싶다.

파리 한 마리가 있었다. 맛있는 음식이 들어 있는 항아리 속으로 떨어졌다. 묽은 스프 속에 빠져서 허우적거리며 발버둥을 쳤다. 그 때 한 말이다. '와~ 먹고 마시고 목욕까지 하는구나! 신난다. 이제 곧 죽을 목숨인데 그게 무슨 상관이랴?'

혹시, 내 친구가 세상 사는 재미에 흠뻑 빠져 그러지는 않았을까? 그 속에서 나오려고 몸부림을 쳤으나 때가 이미 늦었다고 한 짓은 아니었나? 그래서 '에라 모르겠다. 이왕에 이렇게 된 바엔 먹고 마시고 실컷 피우고나 보자.' 제 스스로 자포자기했던 인생살이는 아니었는지 모르겠다.

넉넉한 집안 살림에서도 아버지를 생각했음인지 상급하교 진학을 포기했던 효자였다. 그 뒤로 고등학교를 진학하면서부터 헤어졌다. 그리고 날 볼 때마다 몹시 부러워했다. 때로는 만나고 싶지 않은 마음이 감지되기도 했다. 자존감이 허락하지 않았던 모양이다.

오늘 따라 유난히 그 친구 생각이 난다. 나에게 '사랑하는 친구 성덕아! 건강하게 살아야 한다. 건강 잃으면 아무 소용없는 겨' 라고 소리치는 것 같다. 그 때문에 건강을 늘 돌아보며 산다. 세상 것 다

준다 해도 건강치 못하면 아무 소용없다. 인생이 한 번 왔다가 사라지고 마는 존재 아닌가? 이 땅에 발붙이고 사는 한 '건강이 행복을 준다.'는 생각 속에 살아야 한다. 건강 챙기는 것을 보니 이제 나도 나이가 조금은 들었나 보다.

(2016. 1. 7.)

무주 촌놈

어디를 가든지 나에게 따라붙는 애칭은 '무주 촌놈'이다. 어색함이나 수치심도 없이 마냥 좋을 뿐이다. 애칭에 따른 순진성과 깨끗함이 묻어나는 것 같아서다.

무주구천동은 1975년 2월 국립공원으로 지정된 이래 수많은 사람들의 발길에 밟히면서도 사랑받는 청순한 모습을 간직하고 있다. 33경의 비경은 관광객들의 눈길을 끈다. 제1경 나제통문을 시작으로 백련사까지 28㎞안에 33경이 들어있다. 기암괴석과 폭포, 푸른빛이 감도는 깊은 물, 울창한 수림 경관이 조화를 이루며 33경을 연출한다. 일 년에 한두 번은 첩첩산중 깊은 골짜기를 따라 아내와 산행을 한다.

산들거리는 나뭇잎을 바라보면 모든 시름을 내려놓은 수도자 같다. 분위기에 따라 우리는 노래의 향연에 빠진다. 행복을 나누는 방편이기도 하다. 집에 있거나 들길을 산책할 때, 친구들과 함께 등산이나 여행을 할 때, 승용차 안이라고 예외는 아니다. 이런 상황이기에 사람이 보이지 않을 때의 산속에서는 노래가 저절로 나올 수밖에 없다. 구천 계곡의 깊은 골짜기에서 솟아나는 기운이 노래와 잘 어울렸다. 내 삶의 에너지를 노래가 공급한다는 생각이다. '무주촌놈'인 내게 주어진 축복이다.

무주를 떠나 살아 본 적 없는 촌놈이 조치원의 군부대 00사단 부관참모부 인사과 인사행정병으로 군복무를 마쳤다. 보충대에서 대기하고 있을 때의 일이다. 군대에서는 글씨만 잘 써도 좋은 곳으로 팔린다는 선배의 말을 믿고 '취미'와 '특기'란에 각각 '글씨쓰기'라고 적었다. 60여 명의 대기병들 가운데 5명을 뽑아 참모부 사무실로 데리고 갔다. 이등병으로서 바짝 긴장하고 앉아 있는데 갱지 한 장과 싸인펜을 주면서 '국민교육헌장'을 쓰라고 했다.

'우리는 민족중흥의 역사적 사명을 띠고 이 땅에 태어났다…'를 다 쓰고 나니 두 명을 뽑았다. 인사과 충원병은 한 명이지만 둘 다 놓치고 싶지 않았나 보다. 간부들이 10분 이상을 논의하고 있었다. 아주 조용하게 속삭이듯 말하는데도 '저 놈은 무주 촌놈이잖아?' 하는 소리가 왜 그토록 선명하게 들렸을까? '촌놈이니까 순진해서 고분고분 말을 잘 듣는다는 것인지, 너무 촌놈이어서 좀 멍청하다는 말인지, 아니면 전라도라는 비아냥거림인지' 그저 어리벙벙했었다. 하여튼 결과는 둘 다 인사과에 남겨두는 것이었다. 그 뒤에 안 사실이지만 나는 글씨를 잘 써서 예하 부대로 보내기가 아깝고 그 친구는 좋은 배경 때문이었다는 것이다.

우리 둘이 내무반에 들어서자 20명쯤 되었다. 그날이 주일(일요일)이었고 점심은 라면이었다. 더블백을 어깨에 짊어진 채 천정을 밀어올리듯이 전입신고를 했다. '충~성! 이등병 한, 성, 덕!' 젖 빨던 힘으로 토해 냈건만 군대의 특성상 한 번으로 끝나지는 않았다. 마치기도 전에 '군기가 쏙 빠졌다.'며 앉아와 일어서기를 수없이 시켰다. 소위 '초병 군기잡기'가 문간에서 이뤄졌던 것이다. 으레 치르는 일이었음을 군대 생활에 녹아들면서야 알았다. 하여튼 몇 번을 했는지 기억이 없다.

그런데 "누가 무주 촌놈이냐?" 했던 이 한마디는 아직도 귀에 쟁쟁하다. 그 순간 눈물이 앞을 가렸다. 육체적 긴장이 한순간에 내려앉았다. '나를 이미 알고 있구나.' 싶어 괜히 우쭐해지기까지 했다. 그래서 좀 낮은 소리로 "네, 접니다."라고 했더니 난데없는 주먹세례가 복부를 난타했다. 그야말로 날벼락이었다. 다시 정신을 바짝 차리고 "네, 이병 한성덕입니다."라고 천둥소리를 냈다.

'무주 촌놈!'이란 말을 군대에서 가장 많이 들었다. 순진하다는 뜻에서 불렀을 테지만, 때로는 '역시 촌놈이구나. 그것밖에 못하는 바보'란 점에서 비웃음의 말투이기도 했을 것이다. 지겹도록 들었지만 언제나 정겹고 듣는 재미가 쏠쏠하다. 고향의 향수가 묻어나는 탓일 것이다. 그렇게도 반갑고 기분 좋을 수가 없다. 내 나이 60이 넘고 모든 것이 변했으나 그 말에서 오는 친근감은 여전하다. 교인들 앞에서도 스스럼없이 '무주 촌놈'이라고 말한다. 여타 지역의 친구들과 이야기할 때도 그렇게 말하기를 주저하지 않는다. 도시에 살고 있지만 예나 이제나 촌놈인 것을 어찌하랴.

'촌놈'이란 말이 초기에는 청정 지역의 '순동'으로 보여서 좋았고 이제는 정체성에 따른 삶이 되어서 좋다. 촌놈이니까 촌놈답게 사는 것이다. 좀 더 낮아지고 겸허한 마음으로 사는 것이 아닐까 싶다. 이래저래 정이 듬뿍 담긴 말 한 마디는 '무주 촌놈'이다. 숨을 거둘 때까지 그 순수성을 간직하고 살아가리다.

(2015. 9. 23.)

선상의 아리아

어린이날이었다. 우리 일행은 '사량도四梁島'를 가고자 가우치항에 도착했다. 남해안의 한려수도 중심에 위치한 섬으로 그리 크지 않았다. 행정상으로 경상남도 통영시 사량면이다. 이곳의 옛 이름은 '가까이 다가와 있는 섬'이란 뜻의 '박도'였으나, 위 섬과 아래 섬 사이를 흐르는 물길이 가늘고, 마치 뱀처럼 구불구불한 형세를 이룬다 하여 뱀 '사蛇'에 들보 '량梁'을 쓴 '사량도 해협'이라고 부른다.

승합차에 석 대의 자전거를 싣고 우리 세 부부는 아침 일찍부터 서둘렀다. 후배들의 요청에 따라 자전거 하이킹(hiking)의 맛을 느껴보기로 했다. 그들은 폼 나는 자전거에 산뜻한 차림으로 단단히 무장했다. 그중 후배 아내의 자전거가 오늘은 내 품으로 돌아왔다.

10시 배를 예매하고도 자동차 표는 당일에 한다는 법리에 따라 시간 반을 기다려야 했다. 그래서 남성들은 자전거와 함께 먼저 승선하고, 아내들은 11시 배로 차를 가져 오라 하고 여객선에 올랐다. 그 너른 남해의 출렁거림이 눈에 들어오면서 이미 "내 고향 남쪽 바다. 그 파란 물 눈에 보이네."라는 가곡을 흥얼거리고 있었다. 섬 하나를 만들다 지친 나머지, 적당히 내던져 생긴 것 같은 작은 섬들이 손짓하고 있었다. 그곳에 부딪혀 만들어진 은빛 물결은 더없이 아름다웠다. 상도와 하도로 나누어진 섬을 '사랑대교'가 하나로 아우러지게 했다.

사랑대교를 건너면 하도에 들어서게 된다. 우리는 시계의 반대 방향 쪽으로 한 바퀴 돌기로 했다. 덕동을 지나 읍포와 은개를 거쳐 일주도로 삼분의 일을 남겨두고 백학 마을에서 쉬기로 했다. 때맞춰 승합차가 도착하는 게 아닌가? 허기진 터여서 퍽이나 반가웠다. 마을 입구 모정에 들어서니 할머니 세 분이 계셨다. 양해를 구했더니 흔쾌히 자리를 비켜주셨다.

숨 고르기를 마치고 자전거의 미터기를 살펴보니 8㎞를 가리켰다. 시간적으로는 한 시간 남짓 걸렸다. 크고 작은 언덕을 오르내리는 동안 힘이 버거운 두 곳 정도는 끌고 올랐다. 50대 초반의 두 후배는 끙끙거리면서도 기어코 올라가는 모범(?)을 보였다. 그러나 속도 면에서는 끌고 가는 것이나 별반 다르지 않았다.

자전거 하이킹의 멋스러움은 내리막길에 있었다. 목화솜 같이 부드러운 바람도 언덕을 쏜살같이 내리 달릴 때는 거센 맞바람으로 다가와 두 뺨과 목덜미를 휘감고 돌았다. 좋은 자전거로 그 높은 고개

마루에서 내려 올 때는 슈퍼맨이 부럽지 않았다. 그 맛의 재미를 처음 느껴 보는 상쾌함이 하늘을 찔렀다. 신바람 나는 하이킹이 얼마나 좋았던지 '야~호'를 연발하며 노래가 저절로 나왔다. 가곡 중에서는 '가고파'요, 명곡으로는 '돌아오라 소렌토로'를 비롯해서 목청껏 불렀다. 그 쾌감은 대박 터지는 웃음으로 솟아올랐다. 누가 나를 '미친 사람'이라고 하지 않을는지를 염려 했다.

가파른 언덕길이어서 바다를 감상하거나 나무숲을 들여다 볼 만한 여유는 없다. 신경이 보통 쓰이는 게 아니다. 그래도 섬 전체를 싸안고 도는 느낌이었다.

머릿속을 뱅뱅 도는 복잡한 생각들이 날아갔다. 가슴속을 파고 든 더러운 기운이 가쁜 숨결을 타고 빠져 나갔다. 바닷가의 간간한 맛과 꽃의 향기가 바람결에 묻어와 콧구멍을 벌렁거리게 했다. 아침마다 탁구 치며 다져진 체력은 지칠 줄을 몰랐다. '어찌 그리 잘 따라 오느냐'고 후배들이 놀라는 이유다.

첫 경험 치고는 모든 일정을 훌륭히 소화했다. 우리 일행은 사량도를 떠나는 여객선에 승선했다. 모두가 피곤했던지 선체로 들어가고 나만 홀로 선상에 올랐다. 이곳저곳의 크고 작은 섬들이 손짓하고 있었다. 5분이 지났을까? 40대 후반의 남성들이 하나둘씩 모여든다 싶었는데 순식간에 칠팔 명이 되었다. 선상 난간의 가림 대를 잡고 나란히 서 있는 사이로, 한 여성이 살포시 미소를 머금은 채 비집고 들어왔다. 눈만 마주치면 나오는 노래였나. 여성이 들어오면 부르자는 신호였나. 아니면 대회에 나가려고 준비하는 중이었나.

"보리밭 사이 길로 걸어가면 뉘 부르는 소리 있어 나를 멈춘다" … "보리밭" 노래를 합창하는 게 아닌가? 그 순간 전율이 흐르면서 고등학교 시절로 돌아갔다. 전혀 예상치 못한 일에 추억의 감동이 밀려왔다.

고등학교 2학년이 되면서 "보리밭" 노래를 배우고 싶어 애달았다. 무주 읍내의 한 전파사는 "보리밭" 노래가 단골 메뉴였다. 온갖 흙먼지를 뒤집어 쓴 도로 옆 스피커에서 쉴 새 없이 노래가 쏟아졌다. 그중에서도 "보리밭"이 나오면 다 끝날 때까지 서서 들었던 게 한 두 번이 아니다.

서울에서 가끔 내려오는 20대 후반의 목사님 아들이 있었다. 그날따라 무주의 앞산을 가자 하기에 냉큼 나섰다. 산에 오르자 금강의 상류인 남대천이 발밑에서 흐르고, 산자락 시작점에서는 보리밭이 길게 뻗어 있었다. 도착하자마자 호흡을 가다듬더니 "보리밭" 노래를 부르기 시작했다. 그토록 배우려 했던 노래가 내 앞에서 펼쳐지는 게 아닌가? 대단한 열창에 완연한 성악가 수준이었다. 뭉클한 가슴에 소름이 돋았다. 내 마음을 읽은 것 같아 섬뜩하기도 했다. 내게는 천상의 소리였다. 그 후에 알았지만 심금을 울렸던 그 소리는 테너였다. 비탈진 산자락에 걸친 청보리가 유난히 출렁거렸다. "보리밭" 노래 속에 나만의 추억으로 남아 있는 이유가 여기에 있다. 한 노래로 청소년 시절을 더듬는 것이 더없는 축복이다.

사량도에서 가우치 항구까지는 40분의 시간이 소요되었다. 연이어 가곡만을 부르는데 알토가 빠진 3 성부의 하모니를 이루었다. 서너 발치 떨어진 곳에서 따라 불렀다. 여행의 마지막 시간 내내 그 즐거움으로 가슴이 벅차올랐다. 어느 음악회 못지않은 선상의 판타지였다.

밖에 나와 있는 사람들 몇 명이 있었으나 박수치며 칭찬하고 엄지손가락을 추켜세우는 사람은 나뿐이었다. 단 한 사람이라도 자기들의 노래에 반응하는 것이 퍽 좋았을 것이다. 그들 옆에 있는 사람이 "보리밭" 노래의 추억이 있다는 것을 어찌 알겠는가? 그 마무리를 또 "보리밭"으로 장식했다. 전혀 예상치 못한 선상의 "아리아"(이탈리아 용어로서 노래나 가곡을 뜻함)였으니 이 같은 행복을 어디서 만날 수 있을까? 나만을 위한 콘서트 같아서 더 없는 기쁨과 설렘에 눈물이 사르르 고였다.

잠깐의 대화로 대구에서 왔음을 알았다. 어떤 단체인지 여러 형태로 물었으나 모두가 하나 같이 싱긋이 웃고만 있었다. 눈에 선하다. 고맙다는 인사와 함께 손을 흔들긴 했어도 별반 얘기를 나누지 못한 것이 못내 아쉽다. 행복을 안겨 준 그들에게 고마울 뿐이다.

사량도의 자연미 넘치는 풍광도, 은빛 바닷물의 은은함도, 자전거로 달리는 하이킹의 신바람도, 합창의 시작과 끄트머리에서 들었던 "보리밭" 노래, 그 선상의 아리아로 설렌 가슴을 넘을 수는 없었다. 노래가 이렇게 좋은 것을 멋진 여행과 비교되면서 새삼스럽게 느꼈다. 가장 예민했던 청소년의 때를 노래가 어루만지고 지나간 탓이리라.

일주일이 지났건만 사량도 생각에 젖어들곤 한다. 선상의 아리아

"보리밭" 노래가 먼저 떠오르는 것은 어쩔 수 없다. 노래 하나로 추억이 되살아나고, 그 노래는 새로운 추억을 만들었다. 그런 속에서 세월은 점점 깊어가고, 또 다른 '선상의 아리아'를 꿈꾸며 살아갈 것이다.

(2016. 5. 15.)

4부

언어의 향기

예뻐지고 싶은가? 미소 띤 얼굴로 늘 싱글벙글하면 된다. 서로 간의 간격을 좁히고자 하는가? 웃음을 머금고 살며시 접근하면 성공이다. 원만한 사회생활의 파트너를 구하는가? 웃음으로 가득한 사람에게 있다. 그대의 웃음은 억만금의 가치가 있으니 웃고 살아야 한다. 건강을 염원할 때도, 어른을 대할 때도, 친구를 만날 때도, 가족 간에도 늘 웃어야 한다. 행복의 요건 중에 으뜸이다. 이 웃음에서 언어의 짙은 향기가 묻어나기 때문이다.

언어의 향기

사람들이 감출 수 없는 것 세 가지가 있다면, 사랑과 방귀와 웃음일 것이다. 여학생들은 말똥이 굴러가는 것만 쳐다보아도 웃는다. 어린아이는 작은 일에도 자지러진다. 유년 시절엔 웃는 일이 천지였던 세상이 아니던가? 어쩌다 친구 하나가 방귀를 뀌는 날이면 웃음 폭탄이 터져 나갔다. 어쨌든 웃음은 모두를 행복하게 만드는 언어의 향기다.

예뻐지고 싶은가? 미소 띤 얼굴로 늘 싱글벙글하면 된다. 서로 간의 간격을 좁히고자 하는가? 웃음을 머금고 살며시 접근하면 성공이다. 원만한 사회생활의 파트너를 구하는가? 웃음으로 가득한 사람에게 있다. 그대의 웃음은 억만금의 가치가 있으니 웃고 살아야 한다. 건강을 염원할 때도, 어른을 대할 때도, 친구를 만날 때도, 가족 간에도 늘 웃어야 한다. 행복의 요건 중에 으뜸이다. 이 웃음에서 언어의 짙은 향기가 묻어나기 때문이다.

영화를 즐겨 감상하지만 외국영화는 아직도 어색하다. 그 탓에 배우 이름을 기억하고 그에게 매력을 느낀다는 게 쉽지 않다. '십계'라는 영화를 꽤 본 탓에 '찰톤 헤스톤'이나 '율 브리너', 그리고 최근에 와서 몇몇 정도의 배우 이름을 기억할 뿐이다.

세계의 명배우로 손꼽히는 '톰 크루즈'를 아는 것도 근래의 일이다. 가장 인기 있는 배우 중 한 사람이다. 일일이 열거할 수 없을 정도로 많은 영화에 출연해서, 수많은 관객들로부터 찬사를 받고 있다. 그의 별명은 '블록버스터 제조기'다. 전 세계에서 영화의 흥행을 좌지우지할 만큼 정상에 선 스타 중의 스타다. 원래부터 잘난 배우는 아니었다. 그러나 잘 생긴 얼굴에 멋진 연기까지 조금도 흠 잡을 데 없이 완벽해 보인다. 그가 중학교 때까지만 해도 심한 '난독難讀증' 때문에 책조차 읽지 못했다고 한다. 얼마나 수치스럽고 창피한 일인가? 그에게 숨기고 싶은 실화가 있다.

중학생이 된 어느 날, 선생님은 그를 세워 책을 읽도록 했다. 앉아서 해도 읽을 둥 말 둥 한 그에게는 청천병력 같은 소리였다. 아니나 다를까. 일어서는 순간 아찔했다. 더듬거리며 기어 들어가는 목소리로 겨우 읽는데도 말이 안 되는 허망한 소리가 톡톡 튀어 나왔다. 도무지 알 수 없는 글을 읽고 있었으니 자신도 놀랐다. 아이들은 여기저기에서 키득거리며 웃기 시작했다. 한없이 창피해진 크루즈는 벌겋게 달아오른 얼굴을 땅에 떨어뜨린 채 어쩔 줄을 몰라 했다. 솔

방울 같은 눈물이 뚝뚝 떨어졌다. 바로 그 순간, 어느새 다가왔는지 선생님의 손이 오른쪽 어깨를 어루만지고 있었다. 그리고 나지막한 음성이 들렸다.

"크루즈야! 넌 목소리가 참 좋구나. 그 맑은 소리로 넌 훌륭한 일을 해 낼 것이다. 난 너를 믿는다."

이 한마디는 그의 인생 전체를 바꿔 놓았다. 그날 이후부터 크루즈는 용기를 내어 큰소리로 책을 읽기 시작했다. 읽는 것마다 모두 외워 버렸다. 피나는 노력이 뒤따랐다. 그 바람에 고등학교를 마친 뒤에는 이미 유명세를 타고 있었다. 크지 않은 키에 심한 난독증까지 겹쳐서 꽤나 큰 열등감을 안고 살아가던 아이였다. 선생님의 칭찬 한마디가 새 희망을 불어 넣어 인생이 달라졌다. 언어에 따른 향기가 아닌가?

'웃고 사는 것'은 행복의 근원이요, '칭찬하는 것'은 기쁨의 샘이다. 칭찬은 수필을 지도하시는 교수님의 한결같은 외침이기도 하다. 칭찬 속에 행복이 깃든다는 사실일 것이다.

우리 모두 함께 사람을 살리는 희망의 메시지가 천상의 소리로 세상에 들릴 때까지 웃자. 그리고 칭찬하자. 옳은 생각을 가진 자들만이 나눌 수 있는 언어의 향기가 바로 여기에 있다.

(2015. 11. 8.)

수필이 좋은 이유

비둘기 총각이 있었다. 프러포즈를 열한 번이나 했지만 매번 거절 당했다. 실의에 빠진 채 나뭇가지에 앉아 있었다. 날개는 축 처지고 두 다리는 버틸 힘을 잃었다. 누군가의 위로와 조언이 필요했다. 그때 마침 참새 친구가 포르르 날아와 옆에 앉으며 말을 건넸다.

"얘, 비둘기야! 왜 그렇게 힘이 없니?"

"응, 여자 친구에게 무려 열한 번이나 딱지를 맞았어."

참새는, '그 따위 일이 나와 무슨 상관이야?' 하듯이 상황과 분위기에 전혀 어울리지 않게 물었다.

"너는 눈 한 송이의 무게가 얼마나 되는지 아니?"

"치, 그 까짓 걸 알아서 뭘 해. 별 것 있겠냐?"

'상처 난 데 고춧가루를 뿌리나' 싶어 뿔이 난 비둘기는 쏘아붙이듯이 응수했다. 그러자 참새는 자신의 경험담을 말했다.

“어느 날 큰 나무에서 노래하고 있는데 눈이 오기 시작했어. 사뿐사뿐 내리며 나뭇가지에 소복소복 쌓였어. 엄청나게 많이 오는 거야. 나는 심심해서 눈송이를 다 셌는데, 정확하게 874만 1천 952송이더라. 이렇게 많은 눈이 내렸지만 아무 일이 없었던 거야. 참 대단하잖니? 그 다음 한 송이가 문제였어. 살포시 내려앉는 순간, 그 커다란 나뭇가지가 우지끈하고 부러진 거야. 너도 낙심할 거 없어. 다시 한 번 도전해봐. 이번엔 틀림없이 될 거야.”

참새 친구의 이야기를 듣던 비둘기는 새 힘을 얻었다. 굳게 다짐하고 열두 번째의 도전을 시도해서 성공했다. 얼마나 좋았을까? 그저 신바람이 났다.

의인화된 예화를 어떻게 받아들이느냐에 따라서 여러 견해로 말할 수 있을 것이다. 나는 한 송이 눈의 가치 속에서 인간의 탐욕을 생각했다. 물론 눈의 양을 측량해서 많다 적다하는 것은 조물주의 몫이다.

하지만 눈이 ‘점점 쌓였다’는 것이나 자신의 욕망을 채우려고 ‘하나씩 쌓아간다’는 면에서는 별반 다를 바 없을 것 같다. 뉴스를 보면서 이맛살을 찌푸리고 혀를 내두르는 경우가 어디 한두 번인가? 자신의 욕망을 채워가다가 그 마지막 하나를 얹어놓으려는 욕심 때문에 와르르 무너지고 만다.

학력을 속이고 뇌물을 받고 불륜을 저지르며 논문을 표절했다. 불량식품을 만들고 가짜상표를 도용해서 상대를 속였다. 해서는 안 될 줄을 알면서도 '여태까지 잘해 왔는데 이까짓 쯤이야 뭐.' 하는 안일한 생각 탓에 덜미가 잡혀 결국은 덜커덕 주저앉고 만다.

아무 것도 아닌 것 같은 한 송이의 눈이 그 큰 나무를 부러뜨리는 이치와 무엇이 다르겠는가? '눈은 보아도 족함이 없고 귀는 들어도 차지 않는' 인간의 탐욕을 어떤 것으로든지 채울 수 없다. 이스라엘 솔로몬 왕의 고백이다.

끊임없이 부딪쳐오는 생각 속에 중심을 잡으려는 나만의 외침이 있다. '욕심을 버리자!' 글을 쓸 때에도 '사실적으로 묘사하자.'는 다짐이다.

운동선수들이 가장 힘들어 하는 것은 피나는 노력의 고된 훈련 보다 우승하고 난 뒤의 자기관리라고 한다. 인생을 이만큼 살았으면 지금보다 더 나은 삶으로 마무리 되도록 준비해야 한다. 나는 그것을 수필에서 찾았다. 글을 배우며 좀 더 나은 문장으로 발전해 가는 것이 몹시 흥미롭다.

글을 쓰다 보면 과거와 현재와 미래를 내다 볼 수 있는 혜안慧眼이 열린다. 수필을 쓰며 가다듬는 것이 마치 인생의 남은 때를 가다듬는 것처럼 느껴진다. 계속해서 글을 써야 하는 이유다. 그 속에서 자신의 부족함과 어리석음을 발견하고 성찰하게 된다. 오랜 세월 동안 얼굴을 비춰주는 거울 같다는 생각이다. 지금까지의 생애에서 가장 보람된 해가 2015년이라고 본다. 수필을 선택해서 아장아장 걸으며 조금씩 배워가는 재미가 쏠쏠하기 때문이다.

하잘 것 없어 보이던 한 송이의 눈이 일을 저질렀다. 어느 것이든지 '포기하지 말고 도전하라.'는 메시지로 다가온다. 그러나 자신의 욕망을 채우려고 발버둥치는 사람들에게는 '패망의 선봉'이라는 경고의 메시지로 들릴 것이다.

이 시간에도 수필의 무게감을 느낀다. 고뇌 속에 쓴 한 편을 세상에 내놓았을 때, 기쁨이 내 안에서 솟아오르기 때문이다. 그래서 나는 수필이 좋고 수필을 쓰기 시작한 것을 내 생애에서 가장 잘한 선택이라고 생각한다.

(2015. 12. 10.)

말은 그 사람의 인격

"말이 그 사람의 인격이다."라고 하면 너무 거창하게 들리는가? 정치하는 사람들의 말을 보면 변명의 수단처럼 들린다. "절대로 정치 안합니다." 했다가 별별 구실을 다 붙여 다시 정치판으로 나온다. '국민의 뜻에 따라, 지역구의 성원을 뿌리치지 못하고, 시대와 역사 앞에 소명 의식을 느끼고, 이번이 마지막 기회라 생각하고' 등의 여러 미사여구를 동원한다. 자기 생각인지 국민의 진정한 뜻인지 누가 알랴?

날개를 태워 불 속에서 추락하는 부나비처럼 사라져 간 역사의 사례들을 심심찮게 목격한다. 그런데도 여전히 사람들은 권력의 중심부로 몰려든다. 전횡을 일삼다가 하루아침에 영어囹圄의 몸이 되었음을 모르는가? '아뿔싸' 할 때는 이미 늦는다. 그것을 보면서 '권력욕은 어쩔 수 없는 인간의 본능' 임을 느끼게 된다. 정계 은퇴를 선언하고 영국으로 미국으로, 혹은 여타의 나라로 떠난다. 굳은 각오와 결심이 비치는 듯하다. 그런 인물 가운데 정말로 은퇴한 사람이 더러 있던가?

소가 풀을 뜯어먹는 모습을 보며 자랐다. 우리 집에서는 소를 키운 적이 없지만 시골에서 자란 탓이다. 생풀을 뜯어 먹는 것을 보면 놀랍기 그지없다. 자칫 손을 벨 수 있는 날카롭거나 억센 풀도 거침없이 한 입에 몰아넣는다. 혓바닥을 길게 내밀고 훑어 넣으면 그만이다. 그 큰 입으로 꿀꺽꿀꺽 삼켜 버린다. '도대체 어떻게 소화를 시킬까?'를 걱정하지만 소는 위가 네 개나 있고 되새김질을 하는 짐승이다.

사람이 말하는 것도 그리하면 어떨까? 말을 내뱉기 전에 좀 더 심사숙고하는 게 필요하다. '지금이 말을 해야 할 상황인가, 내가 하는 말이 적합한가, 이 말을 하게 되면 상대가 어떻게 받아들일까.' 이처럼 자신의 말을 되새김질하라는 뜻이다.

목회자로서 말하는 사람을 수도 없이 본다. 잘 웃기는 사람은 허탈감이 있으나 무더운 여름철의 냉수와 같다. 무언가 심각한 사람은 말 건네기가 불편하고 꼬치꼬치 따지는 사람은 아예 말하고 싶지 않다. 진정성이 없어 보이는 사람은 건성으로 듣고 있지만 들을 때마다 무언가를 생각나게 하며 배우게 하고 느끼게 하는 사람은 남다르다. 게다가 감동까지 주는 이의 말은 열 일을 제쳐두고 듣는다.

한때는 목회에 대한 절망과 함께 깊은 회의에 빠진 적이 있었다. 교인들 앞에서의 목사는 교회 성장으로 말한다. 시내에서 좀 멀리 떨어진 것 외에는 교회로서의 여건이 충분하다. 넓은 주차장은 주차의 고민을 일거에 해소한다. 고전적으로 지어진 예배당은 아담하고 아름답다. 시내를 벗어났기에 사방팔방이 툭 터졌다. 보기만 해도 시원하고 한적한 곳이다. 그럼에도 불구하고 수년 동안 침체의 늪에서 벗어나지 못하고 있다. 그것이 목회자로서의 번민이요, 고통이라면 고통이다.

이런 상황을 딸들 앞에서 토설吐說했더니 하는 말이다. '지금 아빠의 그 모습이 가장 존경스럽고 보기에도 좋다. 젊었을 때 부임한 교회들마다 성장했던 것은 아빠의 재능과 힘으로 한 결과였다. 이제는 아빠가 기다리며 인내하고 있음에 감사한다. 그 자리를 묵묵히 지키고 있는 것만으로도 목회하는 것이다. 결코 쉬운 일이 아닌데 아빠는 그것을 잘 해내고 있다. 축복이 있을 것'이라는 큰 딸의 위로였다.

딸의 성격으로 볼 때 무조건 한마디 쏘아붙일 상황인데 참으로 의외였다. 감동한 나머지 눈물이 핑 돌았다. 1년 6개월의 선교사 훈련 과정을 통해서 무척 성숙했다는 생각을 했다. 큰딸의 말 속에서 인격이 묻어 나왔다. 되새김질한 말이 틀림없었다. 진정성이 배어 있는 언어의 칭찬이었다. '너희들에게 야단맞을 각오로 아빠의 심경을 조심스럽게 말했다. 너희들의 생각이 그러하다니 다시 힘을 얻는다. 퍽 고맙고 감사하다. 선교사로 나갈 수 있을 만큼 성숙했으니 아빠의 큰 목회에 힘이 된다.'는 말로 마무리 했다.

진정성이 들어있는 말은 유려流麗함이 없어도 듣는 사람의 가슴에 와 닿는다. 진한 감동과 설득력이 저절로 동반된다. 말의 인격을 다시 한 번 생각해 보는 기회가 되기도 한다. 이런저런 생각을 하다가 결국은 수필 창작 반에 들어 왔던 게 아닌가? 배움을 통해서 진정성 있는 글을 쓰고 그 글을 책임지는 말의 인격자로 나아가고 싶어서다.

(2015. 6. 7.)

말에 따른 자아상

모든 사람은 '자아상自我像'을 갖고 있다. 영어로는 Self Image라고 한다. '내가 나를 어떻게 보는가?'를 말하는 건데 인생에서 매우 중요하다. 긍정적인 자아상을 가지면 매사를 긍정적으로 보고 말하고 감사하며 살아간다. 다른 사람에게도 관대하고 이해심이 많으며 따뜻하다. 어디서든지 좋은 영향을 끼치는 사람으로 산다.

그러나 부정적인 자아상을 가진 사람은 매사에 원망과 불평을 늘어놓으며 자신감이 없고 소극적이다. 절망 속에서 패배적 사고에 사로잡혀 있다.

초등학교 4학년 때 가난이 스며들었다. 아버지가 친구의 회사 설립에 적극 개입하다가 결국은 사기를 당하셨다. 그 바람에 전답을 모두 팔았다. 대전에서의 목회마저 접고 시골로 오셨다. 이렇게 해서 가난이 시작 되었다.

초등학교 졸업생 40명 중 네 명만이 중학생이 되었다. 다른 친구들은 교복을 맞춰 입든지 사서 입든지 했지만 난 대전에 자주 나가시는 아버지가 사다 주신 헌 교복을 입었다. 고등학교를 졸업하면서 벗어 놓은 옷이라는데 맞을 턱이 없었다. 색이 변한 교복에 검정 물감을 들이고, 어머니의 솜씨로 기장과 긴 소매를 줄여서 입었다. 어깨가 너무 커서 처지는 것은 어쩔 수 없었지만 비나 눈을 맞으면 가관이었다. 검정물이 목덜미에 수를 놓고 양 손으로 줄줄 흘러 내렸다. 러닝셔츠와 팬티는 갖가지의 그림이 난무했다. '여학생이 보면 어쩌나?' 걱정이 태산이었다. 지금도 그 시절을 생각하면 끔찍하다. 그럼에도 불구하고 감사했던 것은 40명 가운데 중학생이 되었다는 사실 때문이었다.

그뿐만은 아니다. 좋은 부모님이 계시는 것과 웬만한 머리가 있음을 감사했다. 건강한 체질과 타고난 운동 신경이 남다름을 기뻐했다. 중학교 30리 길을 걸어 다니면서도 불평하거나 게으름을 피운 적이 없다. 기후 때문에 몇 번의 지각은 있었으나 꾀를 부리고 결석하지는 않았다. 열악한 환경과 불평의 요소가 즐비했던 사춘기 시절, 감사할 여건이 전혀 아니었다. 그러나 항상 감사의 마음을 가졌던 게 긍정적 자아상을 형성하게 된 것 같다. 그 마음은 오늘까지 조금도 변함이 없다.

'미미하고 보잘 것이 없으며 하찮은 것에도 감사하자. 1,000원이 있으면 그것으로 족하게 여기고 살자. 괜히 1,100원 가진 사람을 보고 불평하자 말고 900원 가진 사람을 보며 감사하자. 만원을 달라고 손 내밀 때 도와 줄 수 있으면 감사하자. 그럴 수 없는 형편이라면 넉넉하게 보고 손 내민 것에 감사하자.' 끊임없이 나를 이끌었고 오늘의 자아를 만들어 준 나만이 갖는 언어의 자아상이다.

감사와 긍정의 자아상은 인생의 성공과 행복의 중요한 열쇠가 된다. 둘째딸이 한동 대학교에서 법학을 전공했다. 한 학기를 마치고 한 말이다.

"아빠, 나 이번 학기에 과락이 많을 것 같아요. 우리 학교는 대학교가 아니고 한동 고등학교야!"

시험 시간에 '감독 없이 자기들 스스로의 양심에 따라 시험을 치른다'고 했다. 그 누구도 커닝하는 사람이 없다는 것이다. 그 같은 인성교육을 인정하는 몇몇의 대기업 인사팀이 직접 학교에 와서 학생들을 선발한다고도 했다.

"샛별아! 걱정하지 마라. 아빠도 학기를 마칠 때마다 열흘씩 특별교육을 받고 학점을 이수했다. 네가 그 대학에 들어간 것만으로도 무척 자랑스럽고 감사하다."

졸업할 때까지 과락 한 번 없었으니 아빠의 긍정적인 말 한마디에 힘을 얻었음이 분명하다. 우리 할아버지는 좀 달랐다. 어린 우리가 조금만 잘못해도 '빌어먹을 놈'이라고 하셨다. 정말 빌어먹기를 바라서라기보다 잘못된 언어의 습관이었을 것이다. 어느 날이었다. 아니다 싶었던지 더 이상 참지 못하신 어머님이 나섰다.

"아버님은 손자들이 빌어먹으면 좋겠어요? 왜 그런 말씀을 하세요?"

금방 고쳐지진 않았지만 그 뒤로부터 할아버지는 무척 조심하셨다. 내가 중학교에 들어가서야 할아버지의 '빌어먹을 놈'이란 말씀이 사라졌으니 말이다.

말은 단순히 의사소통의 기능만은 아니다. 말의 능력이 구체적으로 보이지 않는다고 사소하게 여길 순 없다. 말이 씨가 된다지 않던가? 마치 태양의 에너지가 모든 생물을 살게 하듯이 말은 사람의 운명과 환경을 변화시킨다.

성공한 사람의 배후에는 성공을 만들어 준 말이 있다. 행복한 사람의 배경에도 행복을 만들어 주는 말이 있다. 말은 보이지 않는다. 그러나 무한한 창의력과 힘을 가진 인생의 에너지다.

김학 교수님은 강의시간마다 어김없이 칭찬거리 숙제를 확인하신다. 칭찬이 얼마나 중요한지를 새삼스럽게 느끼도록 한다. 그리고 내가 하는 말 속에서 자신을 칭찬의 마음으로 바라보게 한다. 말에 따른 자아상을 만들어야 함이 여기에 있다.

(2015. 7. 15.)

언어言語의 힘

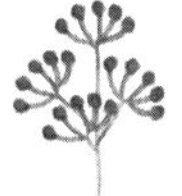

구걸하는 시각장애인이 있었다. 자리를 깔고 그 앞에 깡통을 놓았다. '저는 태어 날 때부터 소경입니다'라는 팻말을 가슴에 달았다. 어느 날 지나가던 사람이 하루의 수입을 묻자 만 원 정도라고 했다. 그는 목에 걸고 있는 팻말에 몇 자를 첨가하고 지나갔다. 시각장애인은 무슨 일이 있었는지 알 수가 없었다. 그 뒤로부터 사람들의 발길이 잦았다. 며칠이 지난 뒤 그 사람이 다시 와서 요즘의 상황을 물었다.

시각 장애인은 5만 원 이상 된다며 요즘 같으면 먹고 살만 하다고 했다. 희색이 만연한 그는 팻말에 무엇이라고 썼는지 궁금해서 물었다. 그랬더니

"다름 아닙니다. 그저 당신이 쓴 글에 '단풍과 낙엽의 아름다운 가

을이 오건만 저는 태어날 때부터 소경입니다'라고 썼지요."

수식어를 몇 자 넣었을 뿐인데 상황이 달라졌다. 언어의 힘이다. 말은 하는 것이 어렵고 실천하기도 쉽지 않다. 그런데 힘이 되고 오늘까지 날 지탱해준 말이 있다.

"성실, 여기 또 하루 푸른 하늘의 아침은 밝았다. 생각하라. 그리고 행동하라. 너는 그것을 헛되이 보내려고 하는가?"

누구의 말이며 언제부터 내 안에 들어 왔는지조차 모른다. 고등학교 시절부터 줄곧 내 곁에 있었다. 하나의 좌우명이 되었다. 내가 있는 곳이면 늘 따라 다녔다. 새해를 시작하는 일기장 속, 새 학기 때 받은 책갈피 속, 방문 출입구의 벽면, 머리를 맞대고 앉는 테이블에 어김없이 있었다. 심지어는 화장실에도 군 복무시절에는 모자 안쪽에 그저 "성실" 이라고 써 두기도 했다.

그 글을 담은 곳도 다양하다. 책머리의 첫 장과 얇은 판자 위에, 액자와 앨범 속에, 지금은 울릉도 바닷가에서 주은 몽돌에 새겨서 갖고 있다. 검은 돌에 약간의 분홍색 글씨다. 그림도 그려서 변하지 말라고 니스까지 칠했다. 1977년 울릉도에 있을 때 바닷가에서 주워 제작한 이후 그 모습 그대로 있다. 오늘도 책상머리에서 날 응시하고 있다. 지금 보면 유치해 보이지만 울릉도에 대한 그리움과 함께 내 마음속 깊은 곳에 들어와 있는 보물이요, 언어가 주는 힘으로 작용한다.

바로 그 때문이라는 생각이다. 모든 일에 성실하고 한 번 일을 맡으면 밤을 새워서라도 한다. 언제나 최선을 다해서 깔끔하게 처리하는 습성을 가졌다. 일찍부터 글씨를 잘 쓰는 것으로 주변의 칭찬을 들었다. 중학교 동창들의 기억도 글씨를 잘 쓰는 아이였다.

그 솜씨는 고등학교 때 드러나 학교의 모든 차트는 내 몫이었다. 그 당시만 해도 켄트지 전지에 모든 현황을 담아 브리핑하는 것이 대세였다. 학교나 직장이나 회사나 사업장의 얼굴이었다. 방과 후에는 교무실에서 살다시피 했다. 지 펜이든지 매직이든지 칼라 펜이든지 사인펜이든지, 또는 어느 물감이든지 내 손에 들려지면 작품으로 나왔다. 참으로 할 일도 많은 청소년이었다. 나는 그 시간을 즐기며 퍽 재미있어라 했다. 오죽하면 군대의 신상카드에서조차 '특기나 취미'란에 '글씨 쓰기'라고 했을까. 모든 사람들의 칭찬도 칭찬이지만 글씨를 쓴다는 것은 나의 자긍심이었다. 잊을 수 없는 추억이요, 즐거운 학창시절의 좋은 기억이다.

고등학교를 졸업하기도 전에 무주군 교육청에서 날 데리고 갔다. 단 한 명만이 담임선생님과 학교장의 추천으로 특별 채용되었던 것이다. 50명 중에서 뽑혔으니 50대 1의 선택이 아닌가? 그리고 무주초등학교 서무실로 파견되었다. 그곳에서도 글씨 쓰는 재주를 인정받아 무척 분주하면서도 기쁘게 생활했다.

연말연시가 되면 더 바빴다. 전문 차트사가 없는 경찰서나 농협이나 우체국으로 가서 글씨를 써야 했다. 근무 시간이 끝난 뒤부터 자정이 넘기까지 애를 쓰는데 예우가 이만저만한 게 아니었다. 1970년대 초반은 먹을 것이 궁하던 시절이어서 먹는 재미가 쏠쏠했다. 그 맛에 더욱더 신바람나는 하루하루였다.

이것을 자랑한다거나 글씨가 뭐 대단한 것이냐고 힐난해도 어쩔 수 없다. "성실"한 마음으로 임했던 그것이 '언어의 힘'으로 작용했음을 말하고 싶을 뿐이다. 그 '성실함'이 나를 붙잡아 주고 바른 길로 가게 해서 오늘을 있게 한 것이다.

청소년 시절이 지나고 피가 펄펄 끓는 젊음이 닥쳐왔다. 삐딱하게 나갈 수 있는 바로 그때도 글씨 쓰는 취미와 함께 성실이라는 말에 탄력을 받아 열심히 살았다.

지금도 내 주변에서 뱅뱅 도는 한 마디의 말이 있다. 내가 존재하는 한 함께 살아야 할 친구다. 그것이 곧 "성실"이다. 언어의 힘을 느끼게 하는 말이다.

(2015. 5. 31.)

물水에도 의식이 있다

직업적으로 책을 벗 삼고 있지만 원래부터 책을 좋아했다. 어디를 가든지 읽을거리를 찾아 시선을 고정시킨다. 물끄러미 머쓱하게 있으려면 갑갑하다. 약국에서 약을 타려고 기다리는 자리나 화장실에 앉아있는 시간에도 책이나 신문을 들고 있다.

일본 사람 '에모토 마사루'의 "물은 그 답을 알고 있다"라는 책이 있다. 물의 신비함을 일깨워주는 글이다. 사람의 몸은 70%가 물이라면서 '인간이 형성되는 최초의 수정란 때는 99%, 막 태어났을 때는 90%, 완전히 성장하면 70%, 그리고 죽을 때는 50%정도'라고 한다. 결국은 요람에서 무덤까지 물과 더불어 산다는 것이다.

어느 날, 그가 우연히 책장을 넘기는데 강렬하게 들어오는 한 줄 문장이 있었다. 눈(雪)의 결정체 하나하나가 모두 다르다는 것이다.

그렇다면 '지구촌 구석구석에 내리는 눈의 얼굴이 제각각이란 말인가?' 하는 사실을 새롭게 깨달으면서 '물의 결정체도 각기 다른 얼굴로 나타날 수 있겠다'는 가정하에 물을 연구하기 시작했다.

고성능 현미경을 구입하고 냉장고에 물을 얼려 실험에 들어갔지만 얼마 동안은 그 어떤 것도 포착할 수 없었다. 그러나 희망을 잃지 않고 연구에 몰입했다. 실험을 시작한 지 두 달 만에 깨끗한 육각형의 결정체로 된 입자를 발견했다. 그 작은 희망의 불씨를 보는 순간 말할 수 없는 흥분이 가슴을 설레게 했다.

이 책에는 122장의 사진과 함께 물의 반응 상태를 실감나게 서술하고 있다. 유리병에 순수한 자연의 물을 넣고 '사랑과 감사.'라는 글씨를 써서 핀으로 고정시키고 보여 주었다. 그랬더니 이 세상에서 가장 평안하고 아름다운 모습의 육각형이 선명하게 드러났다. 그 환상적인 모습에 탄성이 저절로 나왔다. 이를 본 저자는 "대자연의 생명은 '사랑과 감사'를 바탕으로 세워지고 있음을 여실히 말해준다"고 했다. 이런 현상은, 세계 어느 나라 언어라도 '사랑과 감사'의 단어 앞에서는 늘 정돈되고 깨끗한 형태의 결정체를 보여 준다고 했다.

이번에는 '고맙습니다.'를 말로 했다. '사랑'과 '감사'의 글씨 때와 다름없이 선명하고 확실한 문양이었다. 그러나 '망할 놈, 아유! 짜증나, 너 죽여 버릴 거야.' 했을 때는 마치 음식 찌꺼기를 비닐봉지에 담아 시멘트 바닥에 내 동댕이친 것처럼 지저분하게 나타났다.

'천사'라고 했다. 작은 결정체들이 은쟁반의 옥구슬처럼 그 중심을 감싸고 있었다. 하지만 '악마'라고 했을 때는 순간적으로 변하면서 중심의 검은 부분이 그 주위를 공격하는 것처럼 보였다.

공손한 말은 어떨까? '그렇게 해 주세요. 잘 부탁 합니다'라고 했더니 형태가 아주 예쁘게 나타났다. 반대로 '이거 하지 못해? 도대체 뭘 망설이는 거야!' 이 엄한 말로 명령하자 악마 때와 비슷한 형상이었다.

사실, 창조 시에는 사람이나 짐승을 대할 때 욕설이나 거짓말은 물론이요, 강제 명령 따위는 아예 없었다. 그 아름다운 에덴동산에 죄가 없고 행복만이 가득했음을 알 수 있다. 그러던 것이 악마가 속살거리고 죄가 들어오면서 온갖 더럽고 추잡한 것들이 따라붙었다. 현재의 타락한 세상이다

그의 실험은 계속되었다. 셋으로 나누어 '너 정말 예쁘구나.' 하는 말을 가끔, 그리고 자주, 세 번째는 방치하고 아예 무시해 버렸다. 결과는 자주 말을 건넨 쪽이, 가끔 걸었던 것보다 형태가 아주 깨끗하고 뚜렷했다. 무시당한 물은 그 형태가 찌그러져서 전혀 알아 볼 수 없을 정도가 되었다.

'음악은 또 어떨까?' 싶어 노래를 들려주었다. 베토벤의 교향곡 '전원'을 비롯한 그의 음악은 한결같이 로맨틱한 형태를 보여주었으며 세밀하게 잘 정돈된 아름다운 것으로 나타났다. 모차르트의 '교향곡 40번'은 곡조 그대로 아름다운 결정체였다. 자유분방한 그의 성격을 이야기하는 것 같았다. 비발디의 '사계'에서는 꽃봉오리 피어나는 봄, 활짝 피는 여름, 새로운 생명을 간직하는 가을, 그리고 가만히 움츠러든 채 성숙하는 겨울 등 사계절이 잘 표현된 형상을 보이고 있었

다. 시끄러운 음악을 들려주었을 때는 '망할 놈'에서 보여 주었던 그 혼란한 형상의 극치를 보였다.

이 책에서, 실험으로 보여준 여러 형태의 사진은 우리의 가장 소중한 자원과 물에 대한 경각심을 보여주며 새로운 정보를 제공하고 있었다. 따라서 '어린이에게 많은 관심과 사랑의 시선을 던지고 늘 말을 걸어라. 임산부 역시 태아를 어루만지며 부드러운 말을 자주하라. 뿐만 아니라 거실의 식물이나 애완동물에게도 상냥한 말이 필요하다'는 것을 일깨워 주고 있었다.

그 이유가 무엇일까? 사람은 물로 구성되었으니 당연한 반응이고, 저자의 말대로라면 물도 의식을 갖고 있는 소중한 생명체라는 것이다.

(2015. 8. 13.)

웃음의 활력소

"건강하세요!" 이 한마디 인사는 아무리 강조해도 과언이 아니다. "재물을 잃으면 조금 잃는 것이요. 명예를 잃으면 많이 잃는 것이다. 그러나 건강을 잃으면 전부를 잃는 것이다." 흔치않게 듣는 말이다. 건강은 건강할 때 잘 지키라는 말도 있다.

이런 건강의 소중함을 그 누구보다 열변하던 분이 몇 년 전에 세상을 떠났다. 난 그분의 강의를 무척 좋아했다. 맘에 드는 책들이 있어 많이 읽기도 했다. 건강하게 살려면 웃으라고 했다. 그의 웃음소리는 독특한 면이 있었다. 가지런한 이는 보는 이의 마음을 정갈하게 하고, 눈을 약간 치켜뜨며 웃는 모습은 눈이 작지 않음을 보여 주는 듯했다. 유난히 까만 눈썹은 그 자체의 건강으로 보였다. 늘 웃고 있었으니 기쁨이 넘치고 생기발랄한 모습이었다. 사람의 수한壽限은 창조주의 섭리에 따른 것이라지만, 너무 아쉬워 한동안 슬퍼한 적이 있었다. 그 분이 바로 황수관 박사다.

주변 사람들을 종종 살펴본다. 인물이 좀 떨어져도 밝은 마음과 긍정적인 사고 속에 싱글싱글 웃는 사람이 있다. 그런 사람의 인물이 돋보인다. 왠지 모를 친근감에 손이라도 잡고 속 깊은 이야기를 나누고 싶다. 접근성이 용이하고 퍽 정감 있어 보인다.

얼굴이 예뻐 한눈에 시선을 사로잡는 사람이 있다. 그럼에도 불구하고 걸핏하면 화를 내고 신경질적이며 짜증스러운 얼굴을 하고 있다. 마치 벌레 씹은 인상이다. 이웃을 돌아보지도 않고 자기 것만을 챙긴다. 인물의 가치가 떨어진다. 얼른 돌아서고 싶은 사람이다. 어느 누가 그를 가까이 하겠는가?

이쯤해서 황수관 박사의 저서인, 『웰빙 건강법(제네시스 21)』 중에서 두 가지를 요약해 소개하고자 한다.

"웃는 얼굴에 침 뱉지 못한다." 라는 옛말처럼 웃음은 사람들을 매우 즐겁게 한다. 사람은 동물과에 속하는데 그 외의 어느 동물이 웃는단 말인가? 미국 캘리포니아 대학병원의 이츠하크 프리드(itzhak frid) 박사가 웃음보를 발견했다.

잘 쓰러지는 간질병 환자의 발작 부위가 어디인지를 조사하다가, 왼쪽 뇌의 두 정부를 쿡 찔러 보았다. 그 순간 자지러지게 웃었다. 이상하게 여긴 프리드 박사는 한 번 더 찔러보았다. 역시 마찬가지였다.

그 후로부터 웃음을 연구하기 시작했다. 고양이나 토끼 등 애완견의 뇌 부분을 찔러 보아도 웃음은 전혀 없었다. 진화론자들의 주장처럼 사람으로 진화했다는 원숭이의 그 부분도 찔러 보았다. 화들짝 웃었을까? 웃음은커녕 눈만 껌벅껌벅하고 있을 뿐이었다. 분명 인간에게만 웃음보가 있다는 증거로 드러났다. 많이 웃으며 건강을 유지하라는 조물주의 선물이자 위대한 작품이다.

우리 얼굴은 80개의 근육을 이루고 있다. 그 중에서 20개의 근육은 웃는데 동원되고, 인상 쓰는 데는 40개의 근육이 동원 된다. 그리고 나머지 20개는 중립을 지키는 근육이다. 싱글벙글 미소 짓는 사람에게 스마일 근육 20개는 물론이요, 중간 근육 20개까지 달라붙어 40개의 근육으로 발달한다. 인상 쓰는 근육 40개와 동률을 이루지만 그 근육은 위축되어 제 기능을 상실해 버린다.

이와는 반대로, 겸손한 얼굴이 사라지고 자기 잘난 맛에 거만을 떤다든지, 인상만 쓰고 목을 뻣뻣이 하고 있다면, 중립을 지키던 근육 20개가 인상 쓰는 근육 40개 쪽에 달라붙어 60개로 발달한다. 그럴 경우엔 스마일 근육 20개가 크게 위축되어 험상궂은 인상파로 변한다.

괜찮은 인물을 지닌 한 여성이 선을 볼 때마다 거절당하자 사람들은 의아하게 여겼다. 유심히 살펴보니 웃음기 없는 맨 얼굴이었다. 지인의 훈수에 따라 오늘 만나는 상대를 마지막이라 생각하고 무작정 웃기로 했다. 그녀는 식사도 거른 채 아침부터 열심히 웃었다. 약속 시간이 되어 남성을 만났다. 평소에 묵혀두었던 근육을 사용하다 보니 그만 경련이 일어났다. 입술 근육이 파르르 떨리고 얼굴 전체는 실룩 실룩했다. 시선은 어디에 둘지 엉거주춤하고 종잡을 수 없는 행동이 자꾸만 불거진다. 이런 모습을 본 총각은 기겁을 하고 달아나 버렸다.

목회를 하다 보면 스트레스 받는 일이 종종 있다. 그럴 때는 바람 좀 쐬려고 한적한 도로를 찾는다. 억지로 웃어도 95% 이상의 효과가 있다기에 규정 속도로 달리며 목청껏 소리 내 웃는다. 스트레스가 달아나고 새로운 기운이 스며든다. 그 상쾌한 기분은 내 인생의 새로운 활력소다. 웃음은 내 삶에서 또 다른 에너지원이다. 그래서 웃으면 복이 온다고 했던가 보다.

(2015. 5. 12.)

웃는 연습

총신대학교 재학시절, 교회의 교육전도사로 어린이들을 지도했다. 거기에서 느꼈던 일을 글로 써보고 싶다. 싱글벙글 웃는 어린이는 건강한 아이요, 징징거리고 울면 틀림없이 병약한 아이였다.

유치부 아이들은 선생님이나 친구들과 눈만 마주쳐도 웃는다. 무엇을 달라고 할 때나 관심을 끌려고 할 때도 그렇다. 조금만 재미있어도 깔깔거리며 자지러진다. 언제나 예쁘고 사랑스럽다. 웃음 속에 천진함이 가득하다. 웃는 얼굴에 침 뱉을 수 없다더니 몹시 까불고 천방지축이라도 야단 한 번 칠 수 없을 정도로 애교스럽다.

유년부가 되었다. 이 시기의 대부분은 앞니가 빠진다. 그래서일까? 아주 잘 생긴 아이도 장난기가 발동한다. 때로는 바보처럼 느껴지기도 한다. 입만 벌려도 이빨 빠진 것을 쳐다보고 킥킥거리며 야단이다. 앞니 빠진 50명의 아이들이 있다면 그 나머지 150여 명을 압도해 버린다. 개그 콘서트의 코미디언이 부럽지 않다. 빠진 앞니 사이로 허파에 바람이 들어갔는지, 학교보다는 좀 자유스러운 탓인지, 벌집 쑤셔놓은 것처럼 난리를 치며 웃는다. 타 부서보다 웃음이 헤프고 그 웃는 것으로 늘 시끌벅적했다. 그래도 이 아이들이 좋았다. 웃음의 즉각적인 반응 때문이었다.

대학교 2학년이던 여름 방학이었다. 자치 활동 멤버들 7-8명이 무주로 내려갔다. 읍내 교회의 어린이 캠프에 봉사자로 갔다. 70여 명의 아이들이 모였으나 양이 차지 않았다. 집으로 돌려보내면서 세숫대야나 냄비나 깡통 등 소리 나는 것이면 무엇이든지 가져오라고 했다. 의외로 별별 소품들을 다 들고 왔다. 그것을 악기로 이용해서 두드리며 읍내를 돌았다. 3분의1이나 돌았을까? 우리 행렬에 아이들이 따라 붙었는데 끝이 보이지 않았다. 250여 명의 아이들이 교회로 모여 들었다. 작은 교회여서 앉을 자리가 없어 고민했다. 우리는 아이들과 함께 3박 4일 내내 웃었다. 그 기억밖에 없고 지금도 어린이의 해맑은 웃음이 그립다.

이런 아이들도 점점 커갈수록 웃음이 줄어든다. 초등부만 되어도 점잖은 티를 내느라고 웃으려 들지 않는다. 제법 컸다는 것이다. 상대하기조차 버거운 아이로 바뀐다. 중 · 고등부가 되면 겉멋까지 들어 '씩'하고 한 번 웃든지 '방긋'하는 정도로 넘어 간다. 별별 생각들이 가슴속을 파고드는 시기다.

성년기가 되면 그마저도 사라지고 침묵의 시간만 흐른다. 속이 찬

만큼 웃음도 무거워진다. 현실적인 여러 정황에 부딪히면서 웃음은 한 발짝 물러서 있다. '근엄함'의 담을 넘어 표정마저 굳어진다. 사랑스럽고 그 천진난만하게 깔깔대던 웃음은 비웃음과 냉소로 변질해 버린다. 이런 모습들이 신학대학 시절 교육전도사로 있을 때, 목회하면서 많은 사람들을 만나고 대화할 때 느낀 경험들이다.

결국, 대다수의 사람들에게서 일그러진 얼굴을 본다. 표정이 없는 동물처럼 느껴질 때도 있다. 사나운 모습으로 세상을 살아가는 듯하다. 웃음기가 떠난 인간의 잔상이 아닌가? 자연을 볼 수 없는 시멘트 벽, 넓은 게 아니라 높이 솟아오른 아파트 위 아래층의 서열(?), 쿵쿵거리는 소음을 굉음이라고 칸부림하는 사람과 사람, 단단한 벽에 막혀 기계와 살다보니 웃음이 지나간 자리를 메울 수가 없다.

예나 지금이나 뜨거운 피는 여전한데 이곳저곳에서 냉기가 흐른다. 로봇처럼 일은 잘 하는데 희로애락의 감정이 말라 버렸다. 상명하복에 길들여진 사람이 되어 시키는 일은 제법 잘하면서도 창의력은 희박하다. 만나서 좋고 헤어지면 또 만나고 싶어야 하는 건데 다시는 만날 수 없을 것 같아 철길처럼 느껴진다. 도대체 그 이유는 무엇일까? 역시 웃음의 부재에서 오는 병폐려니 싶다.

웃음은 인간만이 가진 신의 선물이다. 사람이 동물과 다르며 기계와도 다른 점을 인지하라고 주셨다. 이 만능의 웃음을 마음껏 사용해 볼 일이다. 웃음은 놀라운 능력으로 나를 도울 것이다. 건강하게 하고 일이 잘되게 하며 모든 긴장을 풀어준다.

강아지는 좋으면 꼬리를 내두른다. 내가 웃으면 상대도 웃는다.

웃음의 근육이 잘 발달된 사람일수록 나이 들면서 더 좋은 얼굴로 바뀐다. 이 웃음의 근육은 연습에서 비롯된다. 그리고 연습한 만큼 웃는다. 웃음 속에는 천사의 모습이 있다.

(2015. 6. 28.)

5부
사돈

파란 물이 넘실거리는 동해안으로 가고 싶었는데 다소 실망스러웠다. 그래도 해변이어서 '좋다'고 했다. 그러면서도 서해안의 검은 갯벌, 옹기종기 모인 섬들의 답답함, 가까운 지역이라는 점, 그리고 탁한 바닷물 위에 둥둥 떠다니는 거품이 먼저 떠올랐다. 실은 확 트이지 않다는 게 좋은 점수를 얻지 못했다. 거기에다 결혼한 지 석 달 만에 떠나는 사돈과의 여행이 아닌가? 시스템의 난제요, 퍼즐 게임의 숙제인 것 같아 시작부터 힘겹게 느껴졌다.

사돈

얼마 전 결혼한 둘째 딸의 시부모를 만났다. 스치듯 얼굴을 보기는 했어도 이처럼 길게 만난 것은 처음이었다. 고된 인생살이의 짐을 잠깐 내려놓고 함께 여행을 하자고 했다. 모든 준비와 일정은 자녀들의 몫이었다. 가까운 부안의 해변이었다.

파란 물이 넘실거리는 동해안으로 가고 싶었는데 다소 실망스러웠다. 그래도 해변이어서 '좋다'고 했다. 그러면서도 서해안의 검은 갯벌, 옹기종기 모인 섬들의 답답함, 가까운 지역이라는 점, 그리고 탁한 바닷물 위에 둥둥 떠다니는 거품이 먼저 떠올랐다. 실은 확 트이지 않다는 게 좋은 점수를 얻지 못했다. 거기에다 결혼한 지 석 달 만에 떠나는 사돈과의 여행이 아닌가? 시스템의 난제요, 퍼즐 게임의 숙제인 것 같아 시작부터 힘겹게 느껴졌다.

우리 차 9인승 카니발에 짐을 싣고 6명이 탑승했다. 핸들을 잡으면서 그랬다.

"이번 여행의 운전을 책임진 한 기사입니다. 우리 가족의 안전을 위해서 최선을 다하겠사옵나이다."

웃음과 함께 박수가 터져 나왔다. 이런 시작이라면 분위기를 띄울 만도 한데 메아리가 마실을 갔나 보다. 차창 밖의 풍광만이 우리의 유일한 즐거움이었다. 딱히 할 말도 없지만 이것저것 묻는 것도 실례가 되는 것 같아 '침묵은 금'이다 싶었다.

1차 도착지는 부안 댐이었다. 그곳의 정자에서 점심을 나누었다. 정성을 다했을 터인데 딸이 만든 유부초밥은 실패였다. 밥이 설익어 씹기에 부드럽지 않았다. 딸 가진 부모로서 눈치가 보였다. 그래도 시부의 칭찬 한마디가 몹시 아쉬웠다.

대화의 시작점을 찾다가 만남의 인연을 건드렸다. 착하고 건실한 사위의 '성실성'을 칭찬하며 '요즈음 젊은이 같지 않다'고 했다. 그에 따른 화답은 딸의 칭찬으로 이어졌다. 대화는 순식간에 좁은 바늘구멍에서 넓은 대문으로 들어섰다. 그 자리에서 지속된 대화는 두 시간을 훌쩍 넘겼다. 안사돈이 입을 열었다.

"사돈과 여행한다니까 사람들이 의아스럽게 여겼어요. 저희도 참 어색하게 생각했는데 목사님과 사돈된 게 너무 감사해요."

나 역시 아침에 탁구장을 나오면서 '사돈과 여행 간다.'고 했더니 '사돈과 여행을 다 가느냐'며 묻더라고 했다.

오후 3시쯤, 바닷가 콘도 4층에 여장을 풀었다. 눈앞에 펼쳐진 수

평선은 저 멀리서 아른거리고, 양쪽 눈가의 육지는 코끝에 와 닿은 모래와 한 축을 이루었다. 잔잔히 밀려오는 파도에 속살을 드러낸 모래톱은, 너른 바다 속의 깨끗함을 고스란히 보여주었다. 서해를 황해라 하지 않던가? 동해의 청옥 빛 바다가 조금도 부럽지 않았다. 상쾌하고 시원한 경관에 마냥 흐뭇하기만 했다. '서해도 이런 곳이 있구나' 싶어 자녀의 탁월한 선택에 칭찬을 아끼지 않았다. 뜨거운 기운이 내려앉기를 기다리는 동안 삶의 이야기가 또 시작되었다.

오후 5시가 넘어서야 바다로 나갔다. 사돈이 챙겨 온 바지락 호미로 물 빠진 모래 바닥을 박박 긁었다. 뜸하게 불거지는 바지락이지만 그 촉감은 연인의 손을 잡는 느낌이라고나 할까? 쏠쏠한 재미에 기쁨이 솟았다. 우리 넷은 땅거미가 찾아드는 것을 무척 아쉬워하며 한 사발 잡은 것으로 만족했다.

저녁은 바닷가 콘도 내 쉼터에서 바비큐가 기다리고 있었다. 내가 하기를 원했지만 우리 사위는 양보하지 않았다. 좋은 사위 착한 아들과 함께, 정성을 다하는 딸의 손놀림에 우린 그저 흐뭇하기만 했다. 고기며 소시지며 새우며 버섯, 구워 놓기만 하면 착착 먹었다. 사돈과 같이한 여행길에 이 같은 행복을 감사했다. '우리 딸 괜찮지요?' 하고픈 마음속에 '우리 아들 어때요?'하는 생각을 했다.

이번 여행의 절정은 윷놀이에 있었다. 사돈은 며느리와, 우리는 사위를 중심으로 팀을 만들었다. 지는 쪽이 점심을 사기로 했다. 윷판은 천국과 지옥이 있었으며 재미난 장면이 몇 차례 나온다. 그 부분에서 희비가 엇갈렸다. 자지러지도록 웃는 속에 폭소가 터졌다. 그 웃음은 천장과 벽에 부딪혀 가슴속까지 파고들었다. 우리가 월등하게 이겼으나 웃음에서 번진 폭소야말로 모두를 발가벗겨 놓은 듯했다.

이미 녹아들긴 했지만 '아직도 찌꺼기처럼 남아 있는 게 있다면 모두 내놔라' 하는 듯, 그 놀이에서 서먹서먹했던 분위기도 무엇인가를 감추고 싶었던 비밀도, 행여 흉이라도 잡히면 어쩌나 하는 노파심도 깡그리 날려 버렸다.

윷놀이가 끝나고 밤 9시부터 시작된 삶의 이야기는 11시가 넘도록 이어졌다. 그 동안의 고생담과 함께 갖고 있는 안사돈의 질병을 바깥사돈의 만학에 따른 열정을 숨김없이 쏟아냈다. 57세이던 작년에야 야간 중, 고등학교를 마쳤다고 하니 경이롭고 존경스러웠다.

큰딸을 목사님의 며느리로 보냈더니, 목사님의 예쁜 딸이 들어왔다며 가문의 축복이요 영광이란다. 수시로 문자나 전화하는 것에 대한 칭찬이 자자했다. 고마운 나머지 감사의 눈물이 눈가를 적셨다. 진정성이 묻어나는 칭찬에 가슴이 뭉클했다.

아내는 예쁘게 봐 주셔서 '너무 감사하다'고 화답했다. 그리고 우리는 한 가족이라는 말을 잊지 않았다. 자주 만나면 더 기쁜 일이 많을 거라고도 했다. 처음의 어색한 것이나 서운함이 모두 사라졌다. 사돈과의 동반여행이 그토록 아름다운 것인지를 피부적으로 느낀 일박 이일의 시간이었다.

(2015. 8. 20.)

목관악기 오보에

난 매우 역동적이면서도 서정적인 면을 지니고 있다. 눈물이 많은 데다가 유난히 영화를 좋아한다. 영화를 생각할 때마다 순간적으로 떠오르는 두 사건(?)이 있다.

고등학교 시절 나를 비롯해서 주, 현, 선이란 애칭의 3인방이 있었다. 3년 내내 붙어 다닐 만큼 절친한 벗들이었다. 지금도 그 우정은 여전해서 식을 줄 모른다. 영화 중에 "미워도 다시 한 번"의 인기가 대단할 때였다. 어떤 영화든지 학교에서 단체로 가지 않는 한 극장 출입 자체가 금지되었다.

우리 3인방은 중 · 고등학교 전체 학생회에서, 각각 총무부장과 규율부장과 학예부장을 맡은 핵심 간부들이었다. 그렇지만 극장으로 쏠리는 마음은 어쩔 수 없다. 비 오는 날 오후 시간을 극장 출입 감행의 날로 정했다. 드디어 그날이 왔는데 토요일이었다. 무난히 들어갔다가 나온 시간은 땅거미가 짙게 깔린 시간이었다. 모든 사람들의 온전한 퇴장을 기다리며 동태를 살피고 있었다. 불이 하나둘씩 꺼지는 틈을 타서 잽싸게 문을 나와 오른쪽 골목으로 들어서려는 순간,

"야! 야! 아그들아, 이리 온나. 이리 온나."

카랑카랑한 목소리가 귓전에 와 부딪혔다. 그렇잖아도 죄인이나 된 것처럼 가슴이 벌렁벌렁하던 참이었다. 여지없이 딱 걸렸다. 수학을 가르치며 훈육주임이기도 한 경상도 선생님이었다.

"자식들 잘한다. 잘해, 간부라는 니 놈들이 이래서 되겄나? 쯧쯧쯧, 월요일에 교무실로 온나." 극장 바로 앞 20m 건너편에 이발소가 있었다. 그곳에서 세밀하게 끝까지 보셨던 것이다.

담임선생님께 호되게 야단맞고 교무실 바깥 복도에서 오전 내내 무릎을 꿇은 채 손을 들고 있었다. 손드는 것이야 요령껏 하면 되지만 쉬는 시간마다 한마디씩 던지고 지나가시는 선생님들의 질타엔 고개를 들 수가 없었다.

"야! 이놈들 봐라. 모범생인 줄 알았더니 형편없구나."

"뭐야? 요놈들이 극장에 갔었다고?"

"간부 놈들이 잘한다. 잘해, 애들이 뭘 보겠냐? 이 녀석들아."

"고개 들어봐. 응~ J, K, 성덕이? 네놈들은 정학감이다."

어떤 선생님은 꿀밤을 한 대씩 먹이고 지나갔다. '미워도 다시 한 번'이 '사랑해도 다시 한 번'으로 바뀌었나? 그때를 생각하면 아찔하다. 하지만 그 당시의 따끔했던 질책이 나를 더 모범생의 길로 가게

했다. 성실한 학생으로 학업을 마쳤다. 이후부터는 극장출입 제한이 풀렸으니 어찌 가만히 있었겠는가? 한 때는 영화 평론가를 꿈꾸었던 것도 영화를 좋아해서 많이 본 탓이다.

또 하나의 사건은 영국에서 제작된 "The Mission"(1986년)이란 영화다. 언제쯤 감상했는지조차 감감하다. 그럼에도 떠오르는 몇몇 장면은 어제 본 것처럼 선명하다. 영화가 시작되자마자 웅장한 폭포가 화면 전체에 가득했다. 상류로부터 한 사람이 십자가에 묶인 채 떠내려 오나 싶었는데 폭포 속으로 사라졌다. 첫 장면부터 나를 완전히 압도했다. 십자가에 묶인 사람을 보는 순간 가슴이 멍하고 콧잔등이 시큰했다. 신앙심에 따른 반사작용일 것이다.

곧 이어서 한 신부가 등장했다. 그 험난한 계곡과 절벽을 아슬아슬하게 기어오른다. 오로지 과라니 족 (투피 어를 쓰는 남아메리카 인디언, 원래는 파라과이 동부와 브라질, 아르헨티나 부근에서 살았다. 과라니 족은 원래, 열대 삼림에 사는 전형적인 인디언들이었다. 파라과이 동북부 삼림에 흩어진 채 아직까지도 남아 있으나, 20세기 후반에 들어 그 수가 크게 줄어들었다. / 브리태니커 사전)을 전도하기 위한 사생결단이었다.

극심한 경계심을 가진 원주민과 만났다. 그때 등장한 악기가 오보에였다. 알긴 했어도 소리의 섬세함에 탄복한 것은 첫 경험이었다.

가브리엘 신부의 오보에 선율이 고요한 숲 속 나무 잎새를 타고 울려 퍼졌다. 새와 짐승과 바람의 물소리까지 멈추는 듯했다. 그토록 경계하던 원주민의 눈빛이 달라졌다. 웃음 띤 모습으로 다가왔다.

긴장이 풀어지는 게 역력했다. 원주민들과는 달리 그 매혹적인 소리에 난 그만 얼어붙고 말았다. 온몸 전체에 소름이 끼치고 있었다. 숨조차 쉴 수 없을 정도의 야릇한 소리가 가슴을 파고들었다.

한국, 지극히 한국적인 정서와 맞아 떨어지는 그 기품氣稟이 애틋한 음색으로 흘러나오기 때문이었을 것이다. 오보에의 맑고 애잔한 소리는, 숲 속에서 벌어지고 있는 초긴장 사태를 이완시키는 악기로 충분했다.

처음 듣는 소리지만 신비스러운 악기로 남아 있다. 우리의 정치판이나 그 모든 분야에서도 오보에의 잔잔한 선율이 울려 퍼지는 날을 기대해 본다. 지금도 어디선가 애잔한 소리가 들려오면 '혹시 오보에?' 하는 생각과 함께 영화 '미션'이 떠오른다. 바로 그 곳에서 평화를 보았기 때문이다.

(2015. 4. 21.)

굴 이야기

사람들은 나의 식사하는 모습을 보면 '밥맛이 저절로 난다.'고 입을 모은다. '어쩌면 그렇게도 맛있게 먹는지 부럽다'는 것이다. 많이 먹어서가 아니라 어떤 것이든지 가리지 않는 식성 탓일 게다. 세상에 여러 가지 재미난 일들이 많지만 '먹는 재미 없이 무슨 맛으로 살까.' 하는 것이 지론이라면 지론이다.

12월이 되면 여수의 바다 앞쪽에서 건지는 생굴 생각이 간절하다. 그 곳 사람들은 굴을 "꿀"이라고 했다. 처음 만났을 때는 '바닷가에서 무슨 꿀이 나기에 꿀 꿀 하나?' 했었다. 궁금해서 물었더니, '12월의 굴 맛이 마치 꿀처럼 달짝지근해서 최고의 감칠맛을 내기 때문'이라고 했다. 이 맛의 매혹에 홀린 것이 벌써 10년을 훌쩍 넘었다.

형님처럼 여기는 한 선배 사모님의 친정이 여수 쪽이었다. 어느 날 느닷없이 따뜻한 남쪽 나라 여행을 가자는 것이다. 여수 시내를 벗어나자 상큼한 바닷바람이 창문 틈새를 타고 들어와 코끝을 간질거렸다. 겨울답지 않게 파릇파릇 돋아난 싱그러운 돌산 갓이 진푸른 색을 자랑했다. 휘휘 둘러보며 구불구불한 해안 도로를 천천히 달리고 있었다. 얼마나 지났을까? 남해안 끝자락처럼 보이는 한 모퉁이의 큼지막한 굴 양식장 마당에 도착했다.

무주의 한 산골에서 자란 탓으로 나 스스로를 '촌놈'이나, 또는 '촌뜨기'라고 부른다. 고즈넉한 시골 동네가 켜켜이 산으로 둘러쳐 있으니 누가 보아도 그렇다. 숲 속 비탈길을 오르내리며 산과 들녘의 나물만 뜯어먹고 자랐으니 바다에 굴이 있다는 것은 상상이나 했을까? 그래도 굴이 좋아 간간히 사다 먹었으나 껍데기 채로 철판에 익혀서 칼로 까먹기는 처음일이다.

'굴은 바다의 우유'란 말을 들어 온 터라 기대가 컸다. 우리는 도란도란 둘러앉아 껍질 속의 굴을 꺼내 먹었다. 재미와 그 맛은 부잣집 며느리의 상차림이 부럽지 않았다. 왼손에 두툼한 실장갑을 끼고 오른손엔 작은 칼을 잡았다. 험상궂게 생긴 굴 껍데기 들고 요리조리 살피다가 살며시 벌려진 틈새를 공략하면 틀림없다. 쩍 벌려진 그 속에서 통통하게 살진 은백색의 속살이 군침을 돋우었다. 따끈따끈한 굴을 초장에 찍어 입안에 넣고 오물오물 하다보면 어느새 살살 녹아내린다. '둘이 먹다 하나 죽어도 모른다.'는 속설이 이런 때를 두고 한 말인 듯싶다.

4인분 한 판을 먹고 나자 굴죽이 들어왔다. 이 또한 별미 중의 별미였다. 작은 그릇이어서 얕잡고 시시하게 여겼으나 이미 먹은 굴과 함께 포화 상태가 되었다.

갑자기 초등학교 시절이 떠올랐다. 청소를 잘한 터에 매우 만족해하셨던 선생님이 '오늘 청소는 만점이요. 이젠 집으로 돌아가도 좋소' 하셨던 것처럼 굴과 굴죽 맛에 매료되어 더 이상의 구경을 하지 않아도 '이제 그냥 집으로 돌아가도 좋소' 할 만큼 말이다.

우리나라 사람들은 보양식을 말할 때 삼계탕이나 보신탕, 아니면 추어탕 같은 탕 종류나 전복죽과 장어구이 정도를 들먹인다. 중국에서는 사슴 힘줄이나 동충하초, 또는 상어 지느러미 같은 고급 식자재를 말한다. 일본에서는 비타민 B1과 A가 풍부한 장어를 으뜸 건강식으로 꼽는다는 것이다. 그러나 유럽 사람들은 다른 면이 있다. 유일하게 날 것으로 먹는 해산물 중에서 굴을 최고의 보양식으로 여긴다는 것이다.

굴에 대하여 좀 더 관심을 기울였다. '자연 강장제로서 스태미나 유지에 필수 불가결한 물질을 포함하고 있다. 저 칼로리 식품이어서 체중 조절에 유리하다. 신경 세포 활성에 큰 도움을 주는 아미노산인 타우린 함량이 매우 높아 치매 예방에 도움이 된다. 심혈관 건강에 좋아 콜레스테롤 수치를 낮춰 주는 요소가 들어 있다. 상처 회복을 빠르게 하고 손톱이 단단하도록 유지한다. 두피와 모발의 건강을 지켜준다. 철분이 풍부해서 혈류 개선과 함께 빈혈을 예방하는 효과도 있다. 골밀도를 높여 골다공증 예방에 효과적이다. 그리고 면역 기능을 강화해서 한방 효과가 높다'는 것이다.

12월이 되었다. 갑자기 추워지는 날씨 탓에 몸이 저절로 움츠러들고 면역력이 저하되는 계절의 시작이다. 독성 물질의 걱정이 전혀 없다. 살이 가장 통통하게 오른 굴이 딱 제 맛이요, 삶의 활력소로는 넘버원이다.

얄밉게도 김장 배추 속에서 굴을 쏙쏙 빼먹지 말고, 남해안 끝자락 해변을 드라이브하는 상쾌함이 어떨까? 입맛에 쩍쩍 달라붙는 굴, 물리지도 넌더리나지도 않는 꿀, 쌀쌀한 겨울바람 친구 삼고 이 맛을 보기 위해 또 여수로 가야지. 누구와 함께하며 어느 친구와 세밀의 덕담을 나눠 볼까? 2016년 새 해를 설렘으로 기다려 본다.

(2015. 12. 22.)

그날 밤에 우리는

사람이라면 누구든지 젊은 시절이 있기 마련이다. 그때의 폼 나는 몇몇 정도의 추억을 다 갖고 있을 것이다. 그래서 청년이 좋고 풋풋했던 청춘을 더듬으며 오늘을 사는 재미가 있어 신난다.

고등학교를 졸업한 그해 시월의 어느 날이었다. 세 명의 후배 여학생과 함께 대둔산을 가고 싶었다. 1박 2일을 계획하고 대표 여학생을 만났다. 우리도 셋이라고 했다. 새끼손가락을 걸고 철저히 맹세한 것은 두 개의 텐트를 준비하는 것이었다. 여섯 명 모두 서로가 잘 아는 사이였다. 아는 정도를 지나 저마다 은근히 좋아하는 후배가 있었다. 그날이 점점 다가오면서 걱정이 태산이었다. 선배로부터 텐트는 빌렸지만 또 하나가 문제였다. 사방팔방으로 동분서주했으나 허사였다. 1970년대 초반인 터라 사는 것이 힘들고 어려운데 어떻게 등산장비를 마련하겠는가?

여학생들의 끊임없는 텐트 공세가 있었다. 그때마다. "아니 내가 누군지 몰라? 절대 걱정 마." 해야 하는 건데 대충 얼버무리곤 했다. 나만 믿겠다는 후배의 말이 생각나 가슴을 때렸다. 약속한 날 아침 시간에도 확인하는 첫 인사가 텐트였다. "나를 그렇게도 믿지 못하겠냐?"며 되레 역정을 냈으나 뒤끝이 당겼다.

믿고 따라 왔는지 큰소리 때문에 얼떨결에 가자고 했는지 함께 시외버스에 몸을 실었다. 비포장도로는 말 그대로 신작로였다. 희뿌연 먼지를 뒤로하며 터덜거리는 버스에 몸을 맡겼다. 난생 처음 떠나는 여학생들과의 캠프였다. 설레는 가슴을 도닥거리면서도 텐트 생각에 찝찝하기만 했다. 틀림없이 돌발사태가 발생할 건데 '어떤 반응이며 어떻게 대응할까?' 가는 내내 머리가 복잡했다.

충남 금산에 도착해서 대둔산행 버스로 갈아탔다. 산 입구에서 내리자 뾰족뾰족한 기암괴석이 팔을 벌리고 있었다. 감탄하기보다 무주의 촌놈들이 왔다며 집어삼킬 것 같은 느낌에 압도당했다. 걸어 올라가자 제일 먼저 맞닿은 곳은 줄다리였다. 그 당시만 해도 철제가 아닌 쇠줄이었다. 한두 사람만 지나가도 출렁거리는 구름다리였다. 그 높이가 70여 미터쯤 될까? 양 손으로 쇠줄을 꽉 잡았는데도 걷는 내내 간담이 서늘했다. 고소 공포증 때문에 가슴은 느글느글, 눈은 빙글빙글, 오금이 저렸다. 여학생들은 고함을 지르고 야단인데 얄궂은 친구는 줄을 흔들어 댔다. 계속해서 전진하자 개척 탑이 있는 정상에 이르렀다. 상쾌함에 야호~를 연발했으나 맞닿은 산이 없어 그 소리는 사방으로 사라졌다. 메아리를 기대했던 실망스러움을 산속으로 밀어 넣었다. 내려오다가 한 장소를 정하고 여장을 풀었다. 백여 미터 바로 앞에 구름다리가 그 위용을 자랑하고 있었다.

여학생들은 눈을 부릅뜬 채 텐트를 주시하고 있다가 와~ 소리쳤다. 정말로 텐트가 있다는 안도감에서 터진 비명소리였으리다. 배낭의 짐이 다 나왔으나 더 이상의 텐트는 없었다. 대표 여학생은 '텐트 또 하나 어딨냐?'며 펄쩍펄쩍 뛰었다. 어물어물 넘어가려는데 느닷없이 가슴에 주먹의 방망이질을 해댔다. '아주 엉큼하고 나쁜 사람들'이라며 소리를 내질렀다. 맞아도 싸다. 텐트를 살 만한 형편은 안 되고 최선을 다한 결과는 눈앞에 드러난 그대로였다. '우리는 그냥 산에서 나뭇잎으로 깔고 덮고 잘 거야. 걱정 하지 마.' 한 말이 안심시키고자 하는 전부였다. 그 어떤 변명도 해서는 안 되지만 할 만한 상황도 아니다. 실재의 진실을 말하고 보여 줄 뿐이다.

그들 중에는 얌전하고 보수적인 여학생이 있었다. 상황이 매끄럽지 않음을 보고 잔뜩 화가 났다. 얼굴이 하얗게 질린 표정이더니 집에 가겠다며 그 험한 산길을 내려가는 게 아닌가? '설마, 여기가 어딘데 다시 오겠지.' 하면서도 덜커덩 겁이 났다. 그래도 겉으로는 '잘 가, 굿 바이!'하고 내버려두었다. 시간이 지나자 다시 올라왔다. 산을 밝히는 텐트 속의 희미한 불빛 아래 저녁은 라면이었다. 우리 모두는 노래를 좋아했다. 그저 나오는 대로 불렀다. 적막감이 흐르는 고요한 밤에 맑은 공기가 피부 깊숙이 파고들었다. 자야 할 시간인데 시월의 산속은 호락호락하지 않았다.

텐트 안에서 함께 자기로 했다. 다행히도 7, 8인용이었다. 이미 나뭇잎을 긁어모아 깔판 밑에 넣어 폭신폭신하게 했다. 잠자리는 나를 중심하여 오른쪽은 여학생이, 왼편으로는 남학생이 나란히 누웠다. 나는 곧바로 잠이 들었다. 얼마나 자고 몇 시가 되었을까? 맨 바깥쪽의 그 얌전한 여학생이 몸을 부들부들 떨고 있었다. '추웠는지 겁이 났는지 무서웠는지?'를 모른다. 모두 일어나 남학생은 옷을 벗어 덮어주고 여학생은 끌어안아 보지만 쉽사리 가라앉지 않았다. 난 누운 채로 꼼짝도 하지 않았다. '사람이 죽느냐 사느냐 하는 판에 성덕이는 잠만 잔다'고 야단이었다. 그래도 깊은 잠에 빠진 척했다. 얼마 동안 계속하다가 다시 잠을 청하는 분위기였다. 참으로 긴긴 밤이었다.

새소리에 일찍 눈을 떴다. 동쪽에서는 태양이 올라와 자리를 잡았다. 벌써 출렁다리를 빗겨간 햇살이 눈부셨다. 심하게 몸을 떨었던 것 외에 그날 밤 우리는 아무 일도 없었다.

(2015. 8. 23.)

신의 걸작(중국여행)

수요일 아침 6시, 전화벨 소리가 우리의 달콤한 잠을 깨웠다. 7시 30분 장가계로 이동하면서부터 첫날의 중국 여행이 시작되었다. 최고급 관광버스로 40분을 달렸다. 가이드의 설명이 불을 토하기 시작했다.

창사(長沙)는 후난성(湖南省)의 수도로서 중국의 7대 도시이자 마오쩌둥(毛澤東)의 고향이라고 했다. 약간은 지루하고 고루할 것 같은 역사 이야기여서 그저 가벼운 마음으로 들었다. 그러다가 중국을 다녀온 이상 그 나라의 전체적인 역사를 조금은 알아야 되겠다 싶어 귀담아 들었다. 술술 이어가는 그의 해박한 지식에 귀가 쫑긋하더니 이내 빠져들었다.

1925년 3월, 국민당의 지도자가 된 장제스(蔣介石)는 자당 내의 주요 보직을 맡고 있던 공산주의자들을 대부분 숙청했다. 이때 마오쩌둥은 고향인 후난 성으로 돌아와 농민들을 살폈다. 장차 수억의 농민들이 폭풍우처럼 봉기할 것을 내다보며 철저한 관리에 들어갔다. 국민당의 대세로 보이던 중국은, 농촌의 외각 지역에서 도시를 포위하고 야금야금 먹어 들어가는 농민들의 혁명운동에 패퇴하고 말았다. 결국은 국민당 장제스의 패망이요, 공산당 마오쩌둥의 승리였다. 이로써 1949년 10월 1일 '중화인민 공화국'이 탄생하고 그해 12월 마오쩌둥은 국가주석이 되었다.

역사는 이 사실을 뭐라고 했는지 사전을 열었다. 평가는 희비가 엇갈렸다. "공산 이전에 팽배했던 불공정과 부정부패를 척결하고, 외세에 유린당한 중국인들이 느낀 굴욕감을 덜어 주었다"는 것이다. 그러나 "지방의 세릴라전으로 승리를 기두고, 국민정부를 전복시키면서 발생한 수많은 희생은 논란거리로 남았다"는 것을 적시했다. 그러면서도 "토지를 분배한 점, 중국 독립과 주권을 회복시킨 점, 하나의 중국으로 통일한 점, 등은 충분한 평가를 받아야 한다"는 것을 수록했다. (브리태니커 참고)

장가계에 대한 가이드의 쉬운 설명이 있었다. 장씨가 대를 이어가며 살고 있다는데 얼굴에 빗대어 설명했다. 그 안에서 왼쪽 눈은 원가계, 오른쪽 눈은 양가계, 한 가운데 우뚝 솟은 코는 천문산, 콧구멍은 황룡 동굴, 그리고 밑에 있는 입은 대협곡으로 보자는 것이었다.

장사에서 장가계까지의 관광 전용도로의 총 길이는 308km다. 12시쯤 도착해서 식사를 마치자 제1코스로 천문산에 올랐다. 장가계 시내에서 8km 떨어져 있으며 해발 1,518m나 되었다.

무주구천동에서 높이를 뽐내는 덕유산(1,614m)보다 100여m 낮은

편이지만 탄성이 저절로 나오는 명산 중의 명산이었다. 세계 제일의 케이블카(7455m)를 타고 절경을 감상하며 30분간을 올랐다. 딱히 할 말이 있다면 '와~, 와~'하는 감탄사였다. 장가계를 다녀오지 않고서는 여행을 논하지 말라던 말이 실감났다.

연 280일 이상 비가 내리고 안개나 운무 때문에 이 장관을 보지 못하는 경우가 있어 8번이나 온 사람이 있다는 가이드의 설명이었다. 나도 모르는 사이에 찬송이 터져 나왔다.

"주 하나님 지으신 모든 세계 내 마음 속에 그려 볼 때, 하늘의 별 울려 퍼지는 뇌성 주님의 권능 우주에 찼네. 주님의 높고 위대하심을 내 영혼이 찬양하네." 다행히 우리 조 일곱 명은 기독교신자여서 창조주의 걸작을 모두 함께 찬양하며 최상의 기쁨을 만끽했다.

어느 조각가의 손이 바위를 깎아 이곳저곳에 세웠을까? 크고 작은 웅장한 기암괴석들이 지천에 널려 있는 듯 했다. 어느 탁월한 지혜자가 이 산 저 산의 봉우리를 정하고 계곡의 높낮이를 측량했을까? 세계 어느 조경사가 바위 틈새들 마다 각종 나무를 심고 물줄기를 이어 놓았을까? 이름 모를 새들과 나무에 붙은 매미들, 꽃가루 달고 날아다니는 벌과 나비들. 그리고 땅에 기어 다니는 각양각색의 곤충과 짐승들은 어느 갑부가 먹이고 기르는가?

창조주의 위대함과 그 신비스러움에 경악을 금할 수 없었다. 그 반면에 유한하고 무능한 인간의 존재를 새삼스럽게 느끼는 중국의 장가계 여행이었다.

(2015. 10. 3.)

인생은 여행이다

미국의 제39대 대통령(1977~1981)을 지낸 지미 카터 이야기다. 그의 저서 중에 『나이 드는 것이 미덕』이라는 책이 있다. 그는 이 제목에 대하여 아내 로잘린 여사와 상의해서 선택한 것이라며 두 가지를 말했다. 하나는 '특별한 은혜'요, 또 하나는 '존경할 만한 품성'을 가진 것이라고 했다. "나이 드는 것이 미덕"이란, 나이가 들어가면서 받게 될 축복과, 다른 사람에게 무엇인가 도움을 줄 수 있다는 이 두 가지 의미를 포함하는 것이라고 부연 설명했다.

그의 저서를 띄엄띄엄 읽어가는 내내 "산다는 것이 도대체 무엇인가?"를 생각했다. 그리고 몇몇 위인들의 인생론을 살펴보았다. 프랑스의 문호 빅토르 위고(Hugo, 1802~1885)는 인생을 전쟁에 비유했다. 전쟁터에서 남과 매일 싸우고 자기 자신과 싸우면서 살아간다는 것이다. 실제로 싸움은 인생의 엄숙한 일면이 있다.

영국의 문호 윌리엄 셰익스피어(ShakesPeare William,1564~1616)는 '세계는 무대요, 남자와 여자는 배우'라며 연극에 비유했다. 세계라는 무대에서 자기에게 맡겨진 역할을 수행하며 살아간다는 것이다.

그는 여러 가지를 말했다. 예를 들자면, 농사를 짓는 농부라는 것이다. 논밭을 갈며 씨를 뿌리고 열매를 맺듯이, 인간은 저마다의 동산에서 농사를 지으며 산다. 자식농사, 공부농사, 사업농사로 인생을 살아간다는 것이다. 꿈으로 비유하기도 했다. 지내 놓고 보면 일장춘몽과 같은 것인데 저마다의 꿈을 이루려고 노력하다가 세상을 떠난다는 것이다. 그러니 위대한 꿈을 갖고 살아야 한다고 했다. 또는 예술작품에 비유했다. 인생이라는 대리석을 가지고 어떤 작품을 만들어 내느냐 하는 것이 관건이라는 것이다. 그런가 하면 책을 쓰는데 비유했다. 하루 한 페이지의 책을 쓰면서 살아가는데 어떤 이는 명작을 어떤 이는 졸작의 인생을 남긴다는 것이다.

나도 한마디 하려는데 '인생을 윷놀이'에 비유하고 싶다. 동창들 여섯 부부가 2박 3일의 제주도 여행을 즐겼다. 한 친구가 이틀 동안의 콘도를 책임진다기에 성사된 모임이다. 한 가정씩 밑반찬을 가지고 와서 한 끼도 사먹은 적이 없다. 제주도의 물가는 비싸다는 바람에 이것저것을 준비한 것이 절약의 지혜였다.

이틀 밤은 윷놀이를 했다. 공교롭게도 전주 세 팀과 광주 세 팀이어서 편 가르기는 자동이었다. 윷놀이는 내가 특별히 고안한 방식을 잘 따라주었고, 그 결과는 대 만족이었다. 얼마나 웃었는지 '배꼽이 달아났다'는 표현에 인색하지 않았다. 그래도 승패는 있었으니 이긴 팀은 이겼다고 자만하지 않았으며 진 팀은 졌다고 억울해하지 않았다. 그저 웃음으로 날려버렸다. 진 팀이 돈을 내면서 성금이라고 했다. 회를 떠다가 실컷 먹었다. 이번 여행의 윷놀이는 인생 여정을 보는 듯 했다.

거기에 누가 이기느냐 하는 싸움이 있었고, 필요한 윷이 나와야 할 대목에서는 연극도 있었다. 자기 팀끼리 함성을 지르며 '모'를 바라는 꿈도 있었으며, 네 개의 윷들 하나하나가 떨어지는 장면은 하나의 예술작품이었다. 그리고 이것들을 한 권의 책으로 묶을 수 있는 최상의 코미디도 있었다. 내가 인생을 말할 때 여행이라고 한 데는 사실 윷놀이를 하면서 생각한 것이다.

윷은 정직하고 확실하다. 넌더리나는 얄궂은 짓이나 아리아리한 게 있을 수 없다. 던져서 떨어진 대로만 길을 가면 된다. 다만 '머리 위에서 던진다.'는 하나의 법이 존재할 뿐이다. 그것만 지켜진다면 그 어느 것도 문제 될 게 없다. 직접 만든 윷이어서 떨어지는 순간 엎어지든지 뒤집어지든지 명확하다. 개연蓋然의 여지가 전혀 없는 윷이다. '도, 개, 걸, 윷, 모' 중에서 '걸'이 나왔는데 '도'로 간다든지, '모'가 나왔는데 '개'로 갈 이유가 없다. 윷이 정해진 길로만 가면 된다.

싸울 것이 없고 어깃장 부릴 일도 없다. 속일 수도 건너뛸 수도 없는 일이다. 웃고 즐기며 신나는 게 많으니 한데 어우러지면 그만이다. 그런 속에 평화가 깃들고 사이좋은 관계가 되지 않겠는가? 윷이 나온 대로 가야 할 정확하고 정직한 길이다. 윷놀이를 하면서 인생을 여행에 비유한 이유가 바로 여기에 있다. 어떤 사람은 짜인 각본대로 사는 인생인데 그 무슨 낙이 있겠느냐고 비웃을지도 모르겠다.

카터는 나이 드는 것을 미덕이라고 했다. 윷놀이에서 나온 대로 그 길을 가야 하듯, 후회 없이 산다는 뜻일 것이다. 모든 사람들 또한 나이 드는 것을 미덕이라고 말할 수 있어야 한다. 추하지 않고 세련되게 사는 것도 중요하지만, 후덕한 마음으로 남을 배려하는 사람이 복인이다. 나그네로서의 인생길을 묵묵히 걸어가는 사람이라면, 누구나 예외 없이 멋진 인생여행을 하고 있다는 생각이다.

(2015. 7. 10.)

가방 이야기

직업이 목사인 나는 여태껏 가방을 챙긴다. 선택 아닌 필수인 셈이다. 학창시절은 당연한 일이지만 아직까지도 가방과 운명을 같이 하고 산다.

가방을 처음 짊어진 것은 초등학교 1학년 때였다. 아버지는 대전에서 목회를 하시고 나는 시골에서 할아버지와 함께 살면서 학교에 다녔다. 선조의 은덕으로 초등학교 3학년 때까지만 해도 아주 잘 살았다. 때문에 그것을 만끽하고 제법 으스대며 유년 시절을 보냈다.

그 당시는 기껏해야 삼베 보자기에 책을 둘둘 말아 허리에 적당히 걸치면 그만이었다. 좀 산다고 하는 아이들이나 무명베로 된 보자기를 사용해서 어깨에 둘렀다. 양말을 신었지만 그 밑바닥은 덕지덕지 기운 탓에 무늬로 얼룩져 있었다. 윗부분만 성하면 그냥 신발 속에 우겨 넣었다. 그도 저도 없는 아이들은 맨발에 짚신을 신고 다녔다.

먹고, 입고, 신고, 쓰는 것에서 빈부의 격차가 고스란히 드러나는 시대였다. 얼마나 지지리도 가난하고 어려웠으면 내분비샘이 열려 있었을까? 왜 그리도 콧물이 많았는지 모르겠다. 풀어 버릴 종이조차 없는 탓에 옷소매에 한두 번 쓱 쓱 닦으면 그만이었다. 어떤 아이는 노랗고 진하게 내려오는 두 줄기 액체를 서너 번 훌쩍훌쩍하다가 혀 끝으로 살금살금 빨기도 했다. 좀 더 심한 아이는 어쩌다 후벼 낸 큼지막한 코딱지를 입으로 가져갔다. 먹으려는 것인지 냄새를 맡으려는 것인지 아니면 맛을 보려는 것인지 모를 일이었다. 그런 아이는 딱 질색이어서 상대하기조차 싫었다. 철이 든 후에 생각해 보면 어지간히도 잘난 체했었던 것 같다.

주변 환경이 이러했지만 겨울의 내 모습은 완연히 달랐다. 두 켤레의 양말에 긴 장화를 신었다. 솜 누비바지와 코트를 걸치고 나면 털모자에 토끼털로 된 귀마개를 했다. 다른 아이들에겐 귀족처럼 보였을 것이다. 게다가 멋진 가죽 가방을 메고 2㎞ 쯤 되는 학교를 걸어 다녔다. 무주에서 누가 그렇게 폼을 내고 다녔을까? 왕자가 부럽지 않은 때였다. 면 소재지 학교 전교생 중에서 유일하다면 좀 과장된 표현일까?

내 위로 누나 하나에 형 둘이 있었으나 네댓 살 때 경기驚氣로 인하여 모두 세상을 떠났다. 그 뒤로는 형제만 다섯이 두 살 터울로 잘 자랐다. 몸이 가장 쇠약했던 나 역시 형들처럼 경기驚氣가 잦았다. 비실비실하게 7년을 살다가 여덟 살이 되어 학교에 들어갔으니 얼마나 귀한 자식이었을까. 눈에 넣어도 아프지 않았을 것이다. 거기에다 장손이요 장남인 나를 금이야 옥이야 정성을 다하셨던 것이다. 최고의 아들로 만들고자 하신 게 분명했다.

그 같은 사실을 철이 든 뒤에 알았다. 우리 집은 나만을 돌보는 이웃 동네의 형과 농사를 전담하는 머슴이 있었다. 부친이 대전에서 목회를 하셨기에 동생들은 부모 밑에서, 나는 6살부터 시골의 할머니 밑에서 자랐다. 잘 살았다는 증거인 셈이다.

어느 날이었다. 택배 트럭이 스르르 들어오더니 박스 하나를 건네준다. 둘째 딸 샛별이가 보낸 선물이었다. 실은 가방이 낡아서 단추가 달랑달랑 했었다. 그래도 신아문예대학에 입학하면서 다시 챙겼다. 꿰매보려고 몇 번을 시도했으나 시간만 허비했다. 아내가 인정하는 바느질 실력도 별 수 없었다. 딸이 그것을 보고 불쌍한(?) 생각이 들었던가 보다.

새 가방이 생겼다. 몇 년 만인가? 이리 보고 저리 보며 이쪽 저쪽을 만졌다. 끌어안았다 손에 들었다 야단법석을 피웠다. 그뿐인가? 주머니가 있는 자크 마다 모조리 열었다 닫았다 했던 것이다. 그 하는 모든 짓이 영락없는 유치원생이었다. 그 기쁨을 혼자서 만끽했다. 어린 시절 가방을 처음 가졌을 때도 그랬을 것이다.

현재의 이 기쁨은 어렸을 때 보다 훨씬 더하다. 초등학교 시절은 아버지께서 사 주신 가방이고, 시방은 딸에게서 받은 선물이다.

그때는 당연한 일이었으나 지금은 기대하지 않은데서 찾아 온 사랑이다.

딸에게서 선물 받은 것을 이토록 좋아하고 있으니, 나는 누구에게 이 기쁨의 바이러스를 선사해 볼까?

(2015. 3. 30.)

첫 사랑

어느 시인의 글에 두 사람 똑같이 사흘을 굶었다. 나흘째 되는 날 A와 B앞에 각각 열 개의 사과가 놓이더니 먹으라고 했다. A는 너무도 허기진 나머지 사과를 보자마자 덥석덥석 먹었다. 속도가 점점 느려지더니 10개를 다 먹은 후에는 사과 꼴도 보기 싫다며 구역질이 난다고 했다.

B는 사과 하나를 서서히 손에 들었다. 유심히 눈여겨 바라보며 이토록 아름다운 빛깔을 처음 보았다고 했다. 손으로 닦아 붉은 쪽을 한입 베어 물었다. 식도로 사과의 향이 녹아들었다. 그 향은 허기진 뱃속까지 느릿느릿 전달돼 달콤했다. 두 번째도 그렇게 했다. 온 몸이 사과의 천연 향으로 물드는 것처럼 느꼈다. 한두 개를 먹고 나니 왠지 사과를 먹는 일이 두려워졌다. 그러자 '사과는 일생 동안 나에게

그리운 존재가 되어 영원히 잊지 못 할 것'이라고 했다. 두 사람의 먹는 방식이 달랐다. 한 사람은 지겹고 한 사람은 그리운 결과를 가져 왔다.

나는 입학 전부터 한글을 깨우쳤다. 다른 아이들과 달리 맵시가 깔끔하고 생기발랄했다. 부요한 가정에서 구김살 없이 자란 탓으로 본다. 부모님은 대전에서 목회를 하시고 시골의 조부모 밑에서 학교를 다녔다. 그래서였을까? 3학년 때까지 줄곧 반장이었으며, 예쁘고 깜직한 J는 늘 부반장이었다. 어린 것이 사랑이라는 걸 알았는지 J를 무척 좋아했다. 특히 점심시간이면 항상 내 곁으로 불렀다.

초등학교 4학년이 되면서부터 가산이 기울었다. 부모님은 목회를 접고 낙향하셨다. 고향을 등지고 큰 고개 넘어 이웃 동네로 이사했다. J에 대한 그리움을 안은 채 훌쩍 떠나 온 것이다. 그토록 좋아하던 그를 두고 온 마음이 싸했다. J에 대한 그리움이 싹 튼 시기였다고 본다.

5학년이 되었다. 대전에 자주 다니시는 아버지께서 수십 권의 만화책을 사오셨다. 20여 호 밖에 안 되는 고즈넉한 산골의 우리 집이 만화방이 된 셈이다. 빌려가는 재미와 돌려 보는 흥미로 아이들의 휑한 가슴은 훈훈했다.

그 만화책 중에 "보슬비"가 있었다. 초등학교 5학년의 한 소녀가 엄마를 잃었다. 외롭게 사는 거야 이루 말 할 수 없지만 보슬비가 내리는 날이면 엄마의 무덤을 찾곤 했다. 자세한 것은 아련하지만 모녀 간의 대화 속에서 하염없이 울었던 기억만은 생생하다. 보슬비 속의 어여쁜 소녀 얼굴이 가슴팍으로 파고 든 것은 J때문이었다. 그 보고 싶은 마음을 만화에서 달랬던 것이다. 어쩌면 그렇게도 주인공의 예쁜 얼굴이 J를 닮았는지 모른다.

초등학교를 마쳤다. J에 대한 그리움은 농익은 사과로 변해 있었다. 중학교를 다니는 내내 다른 여학생들이 눈에 들어올 리 없다. 오롯이 초등학교 3학년 때의 J만이 아른거렸다. 만화 속의 소녀와 어우러지면서 청순한 소년의 가슴을 설레게 했다.

중학교를 마치면서 J에 대한 그리움은 더했다. 기껏해야 20여 리 동구 밖이었으나 찾아간다는 건 엄두조차 내지 못했다. 부모로부터 다리라도 부러질 것 같은 생각 때문이었다. 그 당시 졸업생들 사이에 "사인장"이라는 게 있었다. 신상에 관한 여러 가지를 기록해서 주고받는 일종의 정보지였다. 어느 날 지인을 통해서 사인장이 오갔다. 그녀의 향기가 물씬 풍기는 듯해서 가슴이 뭉클했다. J는 대전으로 나는 거창고등학교로 간다는 것을 알게 되었다.

그런데 이 무슨 운명의 장난인가? 서로의 꿈이 동강 난 채 한 고등학교에서 만났다. J를 보는 순간 아연실색했다. 아련한 그리움이 한순간에 날아갔다. 소낙비에 흙담 무너지듯이 와그르르 내려앉았다. 그토록 곱고 예쁜 얼굴이 다 어디로 갔을까. 악마의 시샘이었나? 훤칠한 키에 팔자걸음, 얼굴을 덮어버린 반점 같은 여드름, 심한 곱슬머리에 옥니까지. 그 모습을 보는 순간 된서리 맞은 앙상한 나무로 변했다. 그리움은 조각나고 허리끈 떨어진 핫바지였다. 깊이 간직한 꿈을 "현실"이란 게 깡그리 뭉개버렸다. 사무치도록 기다린 사랑이

허무함으로 끝났다.

고이고이 간직했던 이야기는 해묵은 것이 되고 말았다. 신선함이 달아나고 머리만 빙글빙글 돌았다. 어디론지 훨훨 날아가고픈 심정뿐이었다. 3년 내내 의식하고 피했지만 학년 전체가 50명뿐이었으니 어려운 일이었다. 딱 한 번 정면으로 부딪히자 서로가 똑같은 질문이었다. "어떻게 이 학교에 들어 온 거야?" 이 한 마디의 추궁(?)이 3년 동안 처음이자 마지막 대화였다.

어느 시인의 말이 생각났다. 진정한 그리움은 "생명과 같은 것"이라는데 J를 향한 실망 때문에 상실감이 컸다. 시간이 흐르자 그토록 못 잊어 하던 절절함이 세월 속에서 비켜 섰다. 철부지 때를 지나 이제는 성숙한 까닭이다.

4년 전부터 초등학교 동창회 모임을 갖고 있다. 그들을 만나는 것은 3학년까지의 기억이다. J는 성숙 미를 더해 귀부인의 모습을 지니고 있다. 자기 지역에서 꽤 이름 있는 명사라고 했다. 이제는 스스럼없이 만나는 동창의 한 여성일 뿐이다. 그를 볼 때마다 '그리움은 그리워하는 것으로 남아 있을 때 가장 행복하다'는 것을 새삼스럽게 느끼곤 한다.

추억거리가 많으면 많을수록 그 속에서 무한한 지혜의 샘이 솟아오를 것으로 본다. 수필이나 시도, 소설이나 희곡도 다 거기서 나오는 게 아닌가? 차라리 J를 가슴속 저 깊은 곳에 숨겨 두고 실타래 풀어내듯 한 올 한 올 떠낼 걸 그랬다.

(2015. 4. 13.)

6부

눈물의 삼계탕

아는 사람 없이 서울에 들어온 무주 촌놈이었다. 그 일로 인하여 뼈에 사무치도록 어머니가 보고 싶었다. 삼계탕 앞에서 어머니 생각과 권사님의 사랑이 뒤엉키면서 하염없이 울었다. 그야말로 눈물의 삼계탕이었다. 최고의 맛이요, 별미 중의 별미였다. 다음날에는 거짓말처럼 몸이 상쾌하고 깃털처럼 가벼웠다. 아픈 것이 사라졌다. 사랑을 먹고 눈물의 삼계탕을 먹은 덕분이었다. 그때의 생각이 아른거렸다.

눈물의 삼계탕

몸이 아프거나 입맛이 없을 때 유독 생각나는 음식이 있다. 특이하지 않아도 별미로 먹은 것이면 오래도록 생각난다. 재료가 특별하고 만드는 법이 복잡하지 않아도 상관없다. 그 음식만 보면 반갑고 위로가 된다.

식사는 단순히 먹는 것 이상의 의미가 있다. 그날에 함께한 사람이나 그날의 분위기와 눈에 들어오는 풍경, 그리고 음식에 얽힌 사연이 있을 때 두고두고 기억된다. 음식이 위로가 된다면 사연에 대한 추억 때문일 것이다.

총신대학교 2학년이 되었다. 한 교회에서 교육전도사로 일하고 있었다. 서울 남대문시장 뒤쪽에 있던 교회가 봉천동으로 이사해서 건물을 짓고 있었다. 수업을 마치고 오면 일이 끝난 뒤에도 정리할 게 참 많았다. 갈 곳이 없었던 나로서는 교회가 전부 내 집이었다.

그해 가을의 문턱에서 갑자기 열이 나고 으스스 추웠다. 스물여덟 살의 피 끓는 청년이기에 '이까짓쯤이야!' 그랬다. 아픈 것보다 '누가 보면 어쩌지?'하는 염려가 더 컸다. 그 생각 때문에 가장 구석진 곳을 찾았다. 실은 건축 시작할 때부터 현장의 지킴이었다. 지금도 그때의 어리석음을 스스로 질타한다. 담임 목사님께 아프다고 했어야 하는데 오히려 들통날까봐 숨어들었으니 말이다.

그날 밤새도록 끙끙 앓았다. 이튿날의 상황은 전혀 모른다. 누군가 흔들어 깨우는데 권사님이었다. 시간적으로 저녁이었고 내 옆에는 삼계탕이 있었다. 그것을 보는 순간, 가난뱅이 신학생 눈이 농구공만큼이나 커 보였을 것이다. '어찌 된 일이냐?'고 했더니 점심때 쯤 건축 현장을 돌아보다가 깊이 잠든 나를 발견했단다. '너무 지친 것 같아 깨울 수 없어 삼계탕을 해 왔다'는 것이다. 느닷없는 어머니 생각에 울컥했다. 애써 참으며 "권사님! 고마워요. 엇저녁부터 갑자기 추워지기 시작했어요. 몸살이었나 봐요" 하는 말이 떨어지자마자 싱긋이 웃으며 "전도사님! 어머니 생각나지요?"하셨다.

그 부드러운 말 속에서 번지는 미소를 보는 순간 눈물이 왈칵 쏟아졌다. 체면이나 창피함도 잊은 채 헉헉대며 울었다. 아니 격한 흐느낌이었다. 전혀 예상치 못한 돌발사태가 벌어졌다. '실컷 울고 나면 몸도 개운하고 병이 낫는다'는 선조의 지혜가 있었나? '울 테면 맘껏 울라'는 듯 권사님은 조용히 자리를 뜨셨다. 그때부터 맘 놓고 엉엉 울었다. 손으로 입을 막은 뒤에는 '어머니'를 연발하며 소리 높여 부르짖었다.

아는 사람 없이 서울에 들어온 무주 촌놈이었다. 그 일로 인하여 뼈에 사무치도록 어머니가 보고 싶었다. 삼계탕 앞에서 어머니 생각과 권사님의 사랑이 뒤엉키면서 하염없이 울었다. 그야말로 눈물의 삼계탕이었다. 최고의 맛이요, 별미 중의 별미였다. 다음날에는 거짓말처럼 몸이 상쾌하고 깃털처럼 가벼웠다. 아픈 것이 사라졌다. 사랑을 먹고 눈물의 삼계탕을 먹은 덕분이었다. 그때의 생각이 아른거렸다.

아침시간이었다. 탁구장을 가려고 막 나서는데 아내가 복날이라고 소리쳤다. '점심은 삼계탕이라도 먹어야지~'하는 듯 했으나 모른 체하고 나왔다. 탁구장에는 운동이 끝나고 늦게까지 남은 일곱 명이 있었다. 군산의 소문난 막국수 집을 소개했더니 가자는 것이다. 집에 갔다가 나와 부부가 만났다.

저녁 시간에는 회의가 있어 혼자 나갔다. 복날이라고 삼계탕을 먹자는 것이다. 그 순간 또 대학교 2학년 시절의 교회 건축 현장으로 돌아갔다. 그 당시 먹었던 눈물의 삼계탕이 떠오르면서 가슴이 먹먹해졌다. 별미(?)를 해 오셨던 나인숙 권사님의 사랑과 그때 심하게 앓았던 몸살 생각 때문이었다. 집에 있는 아내에게 주려고 추가 주문을 했더니 "와~ 역시 선배님 멋쟁이시다!"며 호들갑을 떨었다.

후배들의 부러움 속에 삼계탕을 사들고 왔다. 미안스러움을 해소해보려는 보상심리가 작용한 탓이다. 아내가 싱글벙글했다. 그 어려운 시절 힘들고 아팠을 때 먹었던 것이기에 내게는 그 맛이 남다르다. 좋다 나쁘다. 맛이 있다 없다는 조금도 문제 될 게 없다. 먹는 것이 마냥 좋을 뿐이다.

진정으로 울어보지 않고 삼계탕을 먹는 사람이 가슴의 먹먹함과 그 맛이 최고라는 것을 그리고 사랑의 보약이라는 것을 어찌 알 수 있겠는가?

(2015. 8. 2.)

그래도 울릉도만 하겠나?

1977년 7월, 포항에서 울릉도까지의 뱃길은 9시간이었다. 꿈 많은 젊은이를 먼저 반긴 것은 잔잔한 바다였다. 도동항에 도착했으나 마중 나오는 사람 없이 처음 찾아온 섬이었다.

기다리고 있을 선주의 집으로 향했다. 그의 아들 J로부터 미리 연락을 받고 무척 반기리라 했던 기대감은 산산조각이 났다. 6월에 들이친 태풍으로 배 두 척 모두 소실消失 되었다며 초상집 분위기였다. 단 몇 개월의 오징어잡이로 떼돈을 벌겠다는 꿈이 좌초되는 순간이었다. 배를 잃은 슬픔이야 이루 말할 수 없겠지만 나 역시 앞이 캄캄하고 벼랑 끝에 선 느낌이었다. J의 집만을 믿고 본토에서 날아온 게 아닌가? 피안의 세계로 여겼던 꿈이 사라졌으니 난감하기 짝이 없었다.

군대에서 사단 부관참모부 인사과 인사행정병이었다. 인사과의 제일 순위는 필체에서 결정된다. 선임이 되자 입대 후 처음으로 만난 울릉도 신병을 조수로 채용했다. 울릉군청에서 근무했다며 글씨도 깔끔했다. 하루의 시간 속에서 지리책에서나 보았던 울릉도 이야기를 들었다. 오징어가 많이 잡히고 돈을 잘 번다는 대목에서는 눈이 번쩍거리고 귀가 쫑긋했다. “가자, 바로 거기다!” 오징어 잡는 얘기를 구구절절이 하지만 낭만으로 생각한 20대 중반의 피 끓는 청년의 귀에 들어올 리 없다

우리 집은 퍽 가난했다. 끼니 걱정은 아니더라도 대학은 어림없었다. 필자가 속한 교단의 목사가 되려면 일반대학을 졸업하고 신학대학원 3년을 마치든지, 총신대학을 나오고 3년을 더 공부해야 한다. 이왕이면 총신대학교에서 7년을 공부하기로 했다. 그 7년의 등록금을 오징어잡이로 마련할 참이었다. 그것을 은행에 맡겨두고 공부에 전념할 요량으로 시도한 결단이었다. 무주 촌놈이 야무진 꿈을 안고 드넓은 해양 속 외딴 섬까지 찾아 갔던 이유다. 그러나 의지처가 사라지자 꿈마저 날아간 기분이었다. 하늘 아래 나 홀로 있다는 느낌을 처음으로 가져 본 울릉도였다.

“사나이 칼을 빼 들었으면 무라도 자르는 법인데, 어디 한 번 해보자.” 주일(일요일)이 되어 굳은 각오로 찾은 곳이 교회였다. 모태 신앙 탓으로 언제나 교회 문턱은 낮고 정겨운 내 집처럼 포근했다. 예배당에 들어서자 어머니의 품속 같아 눈물이 저절로 흘렀다. 80여 명의 신자 중에서도 선주가 있었다. 내 이야기를 듣자 기특하고 싹수

가 있어 보였던지 자기 배를 타라는 것이다. 그 이튿날에 모든 설명을 들은 뒤 선주가 주는 장비로 무장하고 이내 승선했다. 난생 처음 가져보는 경험에 작은 어선이었다. 크기의 문제가 아니라 탄다는 것이 좋아 가슴이 설렜다.

동해의 짙푸른 바다가 무주구천동의 산사나이를 환영하고 있었다. 그 고요하고 잔잔한 바다 위를 유유히 나르는 갈매기들이 마치 평화의 비둘기처럼 보였다. 밤 아홉시가 되었으나 대낮보다 더 밝은 불빛 아래 모든 어선들이 무리지어 있었다. 뾰족한 주둥이의 쥐치가 떼를 지어 유희하는데 장관이었다. 손바닥만 한 꽃게가 빨간 등살을 뽐내며 아장아장 다가왔다. 청옥처럼 빛나는 바다 속에서 은빛 오징어가 낚시 줄을 따라 올라왔다. 순시함이 어선의 변방을 오가며 붕~붕 바리톤 소리를 냈다. 보호막을 치는 셈인데 평화의 군락이었다.

환영하듯 고요했던 첫 날이 지났다. 그 다음 날은 거센 파도가 몹시 괴롭혔다. 갑판 밑으로 내려가 울렁이는 가슴을 달랬다. 진정이 되어도 몸을 가누지 못해 엉거주춤 일어서서 상황을 살폈다. 다른 이들은 거친 물결과 싸우며 오징어를 낚아 올렸다. 파도에 몸을 맡긴 채 고난도의 기술로 즐기는 분위기였다. 열두 발의 상모를 돌리는 기술자(?) 같았다. 그토록 뱅뱅 돌면서도 끄떡하지 않고 다음 동작을 취하지 않던가? 김연아의 피겨 스케이팅에서도 그 동작은 여전하다. 오징어잡이 역시 계속적으로 승선하는 길밖에 별 도리가 없나 보다. 경지에 오른 사람들처럼 보였다.

난 오장육부가 뒤집혔다. 모든 내장이 입 밖으로 튀어 나올 듯 했다. 거듭해서 토하다 보니 고약한 냄새까지 목구멍으로 올라 왔다. 그야말로 하늘이 노랗고 역겨움의 극치였다. 오징어잡이는 고사하고 자칫 목숨마저 위태로운 지경이었다. 배의 승선은 여기까지였다. 거친 파도와 맞서는 선원들의 사투가 존경스러울 뿐이었다.

사람들은 해산물을 쉽게 접하고 회를 먹으며 초밥을 즐겨 먹는다. 어부들의 노고를 얼마나 알고 먹는가? 이따금 바다를 보게 되면 울릉도를 생각한다. 고군분투하며 오징어를 낚아 올리는 선원을 만나고 그분들의 의연한 모습을 본다. 비옷을 입고 허리춤을 질끈 동여맬 때는 결연決然함과 더불어 비장함마저 느낀다. 잔잔한 바다가 손짓하는 한 출항하지 않을 수 없다. 승선하는 하루하루의 삶이 생명을 담보하는 게 아닌가? 이런 생각 속에 그분들의 애환이 스치고 나면 숙연해진다.

어느 인생이든 역경 속의 고난은 있기 마련이다. 나 역시 그러해서 괴로운 적이 많다. 그럴 때마다 강한 의지의 한마디는 "그래도 울릉도만 하겠나?" 하는 생각의 지배를 받는다. 그 말은 내 안의 좌우명이 되었다. 어선에 한두 번 올랐던 바로 그 경험에서 비롯된 것이었다.

(2016. 2. 3.)

보리밭, 그 노래

허리 디스크로 예수병원에 입원했던 아내가 퇴원 했다. 바람을 쐬고 싶다기에 고창 청 보리밭을 찾았다. 널따란 평원의 녹색은 보는 이의 마음을 시원스럽게 했다. 그 중간의 노란 유채 꽃은 신혼부부들의 제주도를 연상케 해 가슴이 설렜다. 비가 내린 후라 질퍽질퍽한 황톳길을 걷기엔 다소 무리였다. 1969년 고등학교 2학년 때, '보리밭'이란 노래가 대단한 인기를 모았다. 라디오 전파를 타고 흘러나오면 흐뭇해서 따라 불렀다. 노래를 좋아한 나머지 동아 출판사 편 '365일 가곡집'을 가방에 늘 넣고 다녔다. 토요일 수업을 마치고 나면 교회의 풍금 앞에 앉아 한 곡 한 곡을 스스로 배워서 불렀다.

그때만 해도 무주고등학교는 농과뿐이었다. 1학년 이후부터는 아예 음악시간이 없었다. 나로서는 꽤 슬프고 가슴 아픈 일이었지만 다행스럽게도 중. 고등학교 음악실 관리 책임자가 되었다. 점심시간이면 음악실에서 피아노의 건반을 두드리고, 토요일이면 교회에 나가 풍금을 연주하며 노래를 불렀다. 음악성을 잃지 않으려고 애쓰는 내 나름대로의 즐겁고 행복한 시간이었다.

그 시절 '슬픔이 있는 곳에 음악을, 음악이 있는 곳에 기쁨을' 이라는 작은 글귀가 마음을 달구고 있었다. 그래서인지 노래 부르는 것을 좋아했고 나 자신만이 갖는 기쁨이기도 했다. 적어도 그 시간만큼은 모든 것을 잊고 노래에 몰입할 수 있었다.

무주의 중심에 한 전파사가 있었다. 찻길 인도에 세워 둔 스피커는 온갖 먼지와 흙탕물을 뒤집어썼다. 그런데도 전혀 부끄러워하지 않고 노래로 사람을 홀렸다. 그곳을 지날 때마다 귀를 쫑긋 세우고 '혹시 보리밭?'하는 기대감에 멈칫거리곤 했다. 어쩌다가 그 노래가 흘러나오면 다 끝날 때까지 서성거리며 들은 적이 한두 번은 아니다.

어느 토요일이었다. 신나는 발걸음으로 교회에 가고 있었다. 입구에 들어서는데 '보리밭' 노래가 들리지 않는가? 설레는 가슴으로 급히 들어섰다. 서울에서 가끔 한 번씩 오는 목사님의 아들이었다. 성악가 수준의 보리밭 노래를 직접 듣기는 처음이었다.

중학교 3학년 변성기 때 목을 트이게 한다며 무리하게 소리친 적이 있다. 그 뒤로부터 고음 처리에 어려움을 겪는다. 특히, 보리밭 노래 중에 "옛 생각이 외로워 휘파람 불며" 하는 부분이 난제였는데 그 고민 속으로 형님 같은 분이 들어온 게 아닌가? 알사탕을 입에 문 느낌이었다.

그 다음 날, 모든 예배를 마치자 앞산으로 날 데리고 갔다. 바로 앞에는 금강 최상류의 남대천이 유유히 흐르고 무주 읍내가 한눈에 들어 왔다. 산자락 아래 양옆으로는 보리밭이 길게 뻗어 있었다. 지금의 고창 청 보리밭을 방불케 한 들녘이었다. 그것을 내려다보며 부르는 선생님의 모습은 천사였다. 눈이 크고 잘 생긴 20대 후반의 청년, 그 외모에서 터져 나오는 테너의 가창에 소름이 끼쳤다. 난생처음 느껴보는 매혹적인 노래였다. 몇 번이고 따라 부르면서 고음 처리하는 법을 배웠지만 여태까지 해결하지 못한 아쉬움이 있다. 어언 50년 가까운 세월이 흘렀건만 생생하게 떠오른다. 지금은 어디에서 뭘 하시는지 보고 싶은 이광희 선생님, 형님 같은 분이었다.

지금도 여전히 보리밭을 보면 윤용하 선생님의 가곡인 '보리밭' 노래가 떠오른다. 노래를 부르기 시작하면 고등학교 2학년 때의 모습으로 돌아간다. 아주 담담하고 은근히 아름다운 노래, 평안하면서도 격조 높은 곡, 서정적이며 목가적인 소재를 담은 노래가 아닌가? 1950년대와 60년대를 지나면서 보릿고개를 넘어야했던 시절이기에 더 친근감으로 다가오는 성싶다.

연인도 아니면서 연인인 것처럼, 단짝 친구도 아닌 것이 단짝인 것처럼, 생명을 살려준 은인은 더더욱 아닌데 은인인 것처럼 내 마음을 오롯이 사로잡은 노래다. 사춘기 시절 푸른 꿈을 안고 있을 나이에 그토록 부르고 싶었던 노래가 있었다는 게 복이다. '보리밭'이라는 노래를, 무주의 앞산 자락 발밑에 보리밭을 두고 부른 탓이어서 그럴 것이다.

결혼 이후에는 아내에게 '보리밭' 노래를 부탁하곤 한다. 아내가 피아노를 치면서 부르면 따라 할 정도지만, 고등학교 시절로 돌아가는 심정을 숨길 수 없다. 아내와 노래 부르는 시간이 마냥 행복한 것은 예쁜 여학생이 곁에 있다는 느낌 때문이다. 이미 다 고백한 터여서 아내 역시 기쁘게 여긴다.

건반 위의 가녀린 손가락이 눈에 들어오면 행여 꿈이 아니기를 바라는 마음 간절하지만 현실은 60을 넘었다. 할아버지 소리를 듣는 연령이 아닌가? 그래도 나이와 상관없이 '보리밭' 노래의 추억은 늘 살아 있다. 그것이 내 속의 기쁨이자 거친 세상에서 위로 받는 또 다른 행복이다.

그 날 고창의 청 보리밭은 추억을 더듬어서 좋았는데, 아내가 곁에 있어 더 기쁘고 즐거웠다.

(2015. 4. 27.)

방귀 이야기

방귀는 생리적 현상이 아닌가? 누가 뀌라고 해서 만들어내고, 뀌지 말라고 해서 참아지는 것이 아니다. 그저 나오는 대로 속 시원하게 뽀~옹 하는 것뿐인데 사람들은 그렇게도 웃으며 야단법석을 피운다.

방귀로 인한 추억이 있어 수필로 담아내고자 한다. 좀 더 세밀하게 알고자 사전에서 '방귀'를 찾았다. "위장 관 안에 있는 기체, 또는 공기가 항문으로부터 나오는 것. 하루에 대장에서 발생하는 가스양은 약 7-10리터 정도인데 실제로 방귀가 되어 나오는 양은 약 0.6리터 정도에 불과하다."(브리테니커)라고 적었다. 의학적인 용어로 길게 써 놓은 것을 몇 자로 축약했다.

이번에는 순수 우리 한글사전(대 국어사전/ 이숭녕박사 외 4인)을 펴 들었다. "방귀는 뱃속에서 음식물이 썩거나 상하거나 또는 발효하여, 똥구멍으로 나오는 가스, 구린내가 남.” 왠지 유치하게 보이는 단어도 눈에 띄지만 사전 그대로 기록해 보았다.

초등하교 3학년으로 기억한다. 6년 동안 그때만 유일하게 여선생님이었으니 또렷하다. 참 예쁘고 아름다운 모습의 미혼 선생님이었다. 할아버지로부터 배운 한글을 터득한 상태에서 입학했다. 남부럽지 않게 산 터라 코 흘리는 시절에도 용모가 깔끔하고 단정했다. 여기에 한글까지 터득해서 선생님과 아이들의 조명을 한 몸에 받았다. 1학년 때부터 줄곧 반장을 했다. 매우 성실하고 공부를 잘해서라면 좀 억지요, 너스레를 떠는 것일까?

이런 모범생(?)이 어쩌다 벌을 받게 되었다. 무엇 때문인지 기억은 없다. 친구들과 마룻바닥에 무릎을 꿇은 채 손들고 있는 기합이었다. 약간의 시간이 지났다. 어이된 일인지 배가 살살 아리더니 방귀가 들어설 조짐이었다. 아니나 다를까? 심상찮은 느낌이 작게 나올 폼이 아니다. 금방 터져 나올 태세여서 오른발 뒤꿈치로 항문을 살며시 막았더니, 가느다란 소리로 음률을 타고 새 나왔다. 속절없는 방귀는 어쩔 수 없나 보다. 이왕에 나올 바엔 소리가 없어야지, 그놈의 방귀는 염치도 체면도 없었다.

선생님은 화가 잔뜩 나 있었다. 철이 든 뒤에 느꼈던 생각인데 아마 ‘반장인 네가 그럴 수 있느냐?’ 하셨던 것 같다. 우리는 물론이요, 반 전체 아이들은 숨소리조차 낼 수 없었다. 그 험악한 분위기는 먼지마저 잠재우는 듯했다. 이 고요함을 틈타고 나온 방귀였으니 소리가 얼마나 야릇했는지 모른다. 마치 바이올린의 가장 높은 현을 잡아 당길 때 나는 격조였다.

그 소리는 또 왜 그렇게 길었을까? 마냥 폭소가 터졌다. 파안대소는 교실 안에서 거센 파도처럼 출렁거렸다. 남자애들도 깔깔대지만 여학생들의 웃음소리는 천정을 밀어 올렸다. 한 번 터진 폭소는 그칠 줄을 몰랐다. 제 아무리 유명한 개그맨이라도 흉내 낼 수 없는 바로 그 자체였다. 선생님은 애들보다 한 술 더 뜨셨다. 유난히 입과 눈이 컸던 선생님은 눈물을 닦으면서까지 웃는데 도무지 절제가 안 되는가 보다. 정신을 차릴 수 없을 정도로 웃었다. 벌을 받는 우리와 그 나머지 학생 모두가 한없이 웃었다. 그 시간만큼은 마음 놓고 하하하 소리쳤다.

우리는 지금 웃음을 잃어가는 시대에 살고 있다. 그 어린 시절 박장대소했던 함박꽃 웃음으로 온 세상을 덮을 수는 없을까? 활화산 같은 웃음의 향연으로 나아간다면, 이 동네 저 동네를 메아리칠 수 있다면, 그런 분위기 속에서 하루하루를 살아가는 세월이라면 얼마나 행복할까? 걱정이나 근심도 사라질 것이다. 이간질하고 미워하며 싸움질하는 험악한 모습도 덮을 수 있을 것이다. 그 안에 평안이 깃들고 평화의 샘이 솟아날 것이 아니겠는가?

우리는 그 방귀로 인하여 온전한 사면(?)을 받았다. 다음 시간이 되었으나 자꾸 생각나는가 보다. 여기저기에서 키득거리는 소리가 하루 내내 있었다.

생리적 현상 때문에 웃음보가 터지고 사면을 받았으니 일거양득이었다. 전 국민을 상대로 해서 잘 웃기는 사람에게 형을 감해주는 '사면제도'는 어떨까? 그 방귀 생각에 살며시 미소 지을 때가 더러 있다.

(2015. 5. 3.)

몰래 따먹은 수박

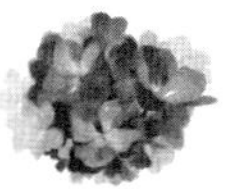

세상에 비밀이 있을까? "이것은 자네에게만 알려 주는 걸세. 절대로 그 사람에게 일러주지 말게" 나름대로 입단속을 잘했다고 자부하지만 이게 웬 일인가? 상대를 찾아간 그는 일러주지 말라고 부탁한 말까지 성실하게 일러버렸다. 고도의 수양자가 아니면 이해할 수 없는 사람들의 습성을 어찌하랴?

그와 유사한 것은 아니지만 내게도 비밀이 있다. 초등학교 4학년 때부터 우리 집은 수박과 토마토와 참외를 재배했다. 그 덕에 늘 먹고 지내지만 정작 먹고 싶은 것은 그 과일이었다. 밤이 되면, 여기저기에서 환히 빛나는 불빛이, 반짝 반짝거리며 존재의 신호를 알리는 반딧불이와 함께, 고즈넉한 시골동네에 장관을 이루었다. 그리고 우리 집과 이어지는 넓은 수박밭 가장자리의 원두막은 밤마다 사람들로 북새통이었다.

과일 중에서 깨지고 비뚤어지고 떨어지고 병들고 설익은 것, 너무 익어서 물러터지거나 또 못생긴 것. 그리고 사람들이 먹다 남긴 것들이 우리 차지였다. 잘 생기고 제대로 익은 것은 손님 몫이었지 우린 턱도 없었다. 좋은 것이 눈에 아른거리고 먹고 싶은 유혹을 받는 이유다.

나뿐 아니라 우리 형제 다섯은 모두 그랬을 것이다. 아버지는 특히 수박에 관심이 많으셨다. 벌써 탱자 크기만 하면 싸리나무 꼬챙이를 다 꽂아 놓으셨다. 외부인 단속도 단속이지만 다섯 자식들의 감시용이었다.

어느 날이었다. 아버지는 무주 장터에 나가시고 동생들도 없는 휑한 수박밭에 나 홀로 있었다. 며칠 전부터 잘 익어 보이는 수박 하나가 눈에 아른거리던 참이었다. 오늘이 절호의 찬스라고 생각했다. 크고 잘 생긴 수박을 보던 때부터 유혹을 뿌리칠 만한 힘을 잃었다. 순간적으로 주변을 요리조리 살피다가 잽싸게 따서, 아랫배에 힘을 잔뜩 주고 끌어안았다. 그리고 바로 옆에 있는 밀밭 사이로 쏜살같이 숨어들었다. 그 콩닥거림이 참새가슴이었다. "가슴이 콩알만 하다"는 말이 실감났다.

그런 와중에서도 '기도 해야지!'하는 생각과 동시에 "예수님! 이렇게 크고 좋은 수박을 먹게 되었어요. 감사합니다. 아빠한테 들키지 않게 해 주세요." 하는 기도를 드렸다. 초등학교 6학년이었으니 어린 마음의 기도가 아닌가?

기도가 끝나자마자 주먹으로 수박을 내리쳤다. 쪼개진 수박 사이로 빨간 속살이 드러나자 천하를 얻은 기분이었다. 사분의 일이나 먹었을까? 목구멍까지 차올랐다. 영락없는 배불뚝이 두꺼비였다. 더 이상은 먹을 수가 없었다. '이 일을 어쩌나? 이대로 두면 틀림없이 아빠한테 들킬 텐데 큰일 났다.' 는 생각이 스치면서, '에라 모르겠다. 흩어버리자.' 조각조각 쥐어뜯어 밀밭 고랑 사이로 사정없이 내던졌다.

아빠가 오셨다. 으레 하시듯 수박부터 점검하더니 물으셨다.

"여기 있던 수박 팔았냐?"

"아니오. 수박이 있었어요?"

난 모르쇠로 일관했지만 긴장된 표정과 말 속에서 거짓이 묻어났던가 보다. 숨기고 싶었던 비밀이 다 드러났는지 아버지께서 힐끗 쳐다보시고 말았다. 야릇한 미소가 입가에 번지는 것을 느꼈다면 과장된 걸까? 돌아가실 때까지 수박사건(?)은 두 번 다시 묻지 않으셨다. '좋은 수박을 얼마나 먹고 싶었는지'를 아셨던 것이다. 진정한 아버지의 존경스러운 모습이다.

난 그날부터 거짓말쟁이와 도둑이라는 죄책감으로 몸을 떨었다. 그렇다 해도 감히 수박 이야기를 꺼낼 만한 용기나 처지가 아니었다. 철이 든 후에는 '그때 아빠가 다 아셨는데 용서하신 거야.' 하는 생각만으로 자괴감에서 벗어났다. 그래도 밀밭 사이로 내던진 수박이 종종 솟아나고, 또 수박을 보노라면 아버지 생각을 하게 된다.

지난날의 추억으로 치부하기엔 너무도 서글픈 일이다. 제아무리 세월이 흘러도 아버지에 대한 죄송스러움과 그 기억은 영영 잊혀지지 않을 것 같다. 아버지가 안 계시는 지금은 그리움마저 사무친다.

(2015. 3. 15.)

내 마음의 행복버스

인생길에는 착한 사람들이 많다. 무주군 적상면 삼유리 605번지는 시골의 우리 집이다. 마을에서 무주까지는 40리(12km)나 되고, 안천은 30리(12km)길이다. 무주를 떠난 통학버스가 우리 동네 앞을 지나면서 안천과 진안을 거쳐 전주까지 갔다. 그 당시에 면소재지는 중학교가 없었고 무주까지는 걸어 다니기가 버거운 거리였다. 그 때문에 선배들이 진안군 안천중학교를 다녔는데 우리 역시 선택의 여지가 없었다. 드디어 3년 동안의 긴긴 걸음걸이가 시작되었다. 다섯 명 중 두 명은 살 만하니까 버스를 이용했다. 나머지 세 명은 고개를 넘으며 늘 걸어 다녔다.

눈이 펄펄 날리면 버스는 지레 겁을 먹고 올 생각을 안했다. 비가 오는 날은 버스를 이용하는 탓에 콧노래가 저절로 나왔다. 그러나 안천 장날과 겹칠 때는 오히려 타는 것이 생지옥이었다. 조수는 보따리며 가방을 창문으로 집어 던지고 우리를 불끈 들어서 그 문으로 우겨넣었다. 그런 다음에는 앞문 뒷문을 오가며 차를 타려고 애쓰는 사람들을 사정없이 밀쳐 넣었다. 차 안에서 외마디소리가 터져 나왔다.

"와, 숨 막혀 미치겠네!"

"야, 그만 좀 태워, 배 터져 죽겠다!"

"아이고, 이 늙은이 죽는다. 이놈아!"

"야, 이거 우리가 짐짝이냐, 뭐냐?" 승객들의 비명소리는 아랑곳 하지 않고, 조수는 '그렇게두 힘들면 아저씨가 내려서 걸어가라'는 말을 앙칼지게 내던졌다.

그 능청맞은 한마디에 어느 누구도 대꾸하지 못했다. 무슨 말을 해도 무조건 태워서 버스의 문을 두세 번 두드리고 "오라이~" 하면 그만이다. 비포장 길이어서 빨리 달리지도 못하는데 기사는 브레이크를 살짝 살짝 밟았다. 나중에 안 사실이지만 그 많은 사람들을 정리하려고 그랬다는 것이다.

아침 6시부터 걸어가면 8시 40분쯤 학교에 도착했다. 일찍 먹은 꽁보리밥은 소화된 지 이미 오래였다. 허기진 배를 어찌할 수 없어 한 시간 끝나면 도시락을 비웠다. 점심시간에는 젓가락을 들고 이 친구 저 친구에게로 도시락 여행을 했다. 우리 둘은 3년 동안 거의 그랬다. 착한 친구들은 넓은 마음으로 더 먹으라고 했으나, 까칠한 애들은 눈을 부라리며 "짜아식들, 오늘도 젓가락질이냐?"고 쏘아 붙였다. 자존심 따위는 그 학교에 입학하면서부터 내려놓았다.

수업이 끝나고 가는 길은 철부지 개구쟁이들의 놀이마당이었다. 그러다 보니 집에까지는 서너 시간씩 걸렸다. 걸어 다니면서 수없이 한 것은 거수 경례였다. 가뭄에 콩 나듯이 지나가는 자동차가 태워줄 리 만무하지만 4~5명의 우리 선후배들은 나란히 서서 멋진 경례를 했다. 태워 달라는 애교가 아닌가?

우리는 그 몸짓으로 끝나야 했다. 태워주지 않았다는 섭섭한 마음과 희뿌연 먼지만을 잔뜩 내뿜고 달린다는 괘씸한(?) 생각에 자동차의 꽁무니를 향하여 "아나, 쑥떡감자!"를 연발했다.

2학년의 어느 날이었다. 삼남여객이 오는데 지금까지 보지 못한 버스였다. 자동차 앞면이 튀어 나와 있는 게 아닌가? 우리는 그걸 보고 '코빼기 버스'라 했다. 그날도 여느 때와 마찬가지로 거수경례를 했다. 기사가 인사를 받는다 싶었는데 바로 앞에 와서 멈췄다. 차장 누나가 밝게 웃으며 내리더니 타라는 것이다.

운전석의 기사가 비스듬히 쓴 모자를 매만지며 "야들아! 나를 알겄냐?" 했다. 남씨 성을 가진 그 조수 아저씨가 아닌가? 어쩌다 한 번씩 버스를 타면 차비를 받지 않고 형이라 부르라던 그 조수 말이다. 언제쯤 지나가니까 이 차를 꼭 타라고 했던 형님 같은 사람이 지금 운전석에 앉아 있는 것이다.

어찌된 일인가 했더니 얼마 전부터 기사가 되었다고 했다. 그 착한 마음씨 어디 가겠나? "너그덜 참 고생한다. 그래도 부모님은 다 계시제? 형아는 부모님이 없어서 무척 고생했니라." 하고는 조수 때처럼

차 시간을 자세히 알려주면서 기다렸다가 꼭 타라고 했다.

그러나 어린 탓에 죄송스러운 마음과 더불어 버스가 안 나오면 어쩌나 하는 생각 때문에 한 번도 그러지는 못했다. 그래도 우리는 오면서 가면서 코빼기버스를 늘 기다렸다. 지나가기만 하면 틀림없이 태워주던 남씨 성의 기사님이었다.

오늘따라 수필을 쓰는 내내 훌륭해 보인다. 그 코빼기 버스야말로 내 마음의 진정한 행복버스였다. 지금은 뭘 하고 계실까? 남 기사의 생각이 유난히 반짝거린다.

(2015. 3. 25.)

단, 30초의 아쉬움

"딸과의 시간, 단 30초만이라도 주어진다면 그때 못해 주었던 '굿 나잇 키스'를 할 겁니다."

이 시대의 지성으로 팔순을 갓 넘긴 이어령 전장관의 한 맺힌 고백이다. 아주 평범한 말에서 행동하지 못한 애잔함이 짙게 깔려 있다. 그는 큰딸을 잃었다. 흔히 '자식이 먼저 세상을 떠나면 가슴에 묻는다.'고 한다. 틀린 말이 아니지만 그냥 묻어두는 게 아닌 듯싶다.

우리 5형제 가운데 셋째 동생이 아들을 낳았다. 첫째인 내가 두 딸을 낳고 둘째가 또 딸을 낳은 상황에서 손자를 보았으니 부모의 기쁨이 오죽했을까. 그것도 잠깐, 손자의 두 돌을 보기도 전에 셋째 아들이 교통사고로 하늘나라에 갔다. 지금까지도 아들을 생각하는 어머니의 마음을 헤아리지 못하고 있다. 딸을 잃은 이어령 교수의 마음을 다소나마 이해할 수 있는 부분이다.

한때는 그 분의 글을 몹시 좋아한 적이 있었다. 지금도 그의 저서 몇 권쯤은 서재에 있다. 최근에 또 한 권의 책을 펴냈다. "딸에게 보내는 굿 나잇 키스"가 그것이다. 모 신문사에서 '저자와의 대화'란에 게재한 글을 독자와 함께 나누고 싶다.

"딸이 이혼하고 괴로워 할 때, 피붙이를 잃고 넋이 나가 주저앉았을 때, 앞을 보지 못해 길을 더듬거릴 때, 암에 걸려 투병하고 있을 때도 사랑하는 딸 곁에 있지 않았다"면서 "그 수많은 날 홀로 피눈물 흘렸을 딸의 모습을 생각하면 지금도 심장이 먹먹하고 눈물이 앞을 가린다."고 했다. 그토록 지엄하신 분이 흐느끼듯 말했다.

책을 펴낸 소감이다. "어느 날이었다. 어린 딸이 엄마가 사준 하얀 드레스, 레이스가 달린 새 잠옷을 입었다. 자랑하고 싶어 내 방에 들어왔다. '굿 나잇 키스'를 받아보고 싶었던 것이다. 글쓰기에 몰입한 이 못난 아버지는 그 짧은 순간 고개 한 번 돌리는 것조차 하지 못했다."며 긴 한숨을 내쉬듯이 탄식했다. "만일 지금 나에게 그 30초의 시간이 주어진다면, 신이 그런 기적을 베풀어 주신다면, 딱 한 번만이라도 좋아요. 낡은 비디오테이프를 되감듯이 그 옛날로 돌아가고 싶습니다. 나는 그 때처럼 글을 쓸 것이고 딸은 엄마가 사 준 레이스 달린 하얀 잠옷을 입겠지요. 아주 힘차게 서재의 문을 열고 '아빠 굿 나잇' 하고 외치면, 나는 글 쓰던 펜을 내 던지고 읽다만 책장을 덮어 두고 두 팔을 활짝 펴, 딸의 가슴을 안을 겁니다. 딸의 키가 천장에 다다를 만큼 높이 들어 올리고 졸음이 온 딸의 눈과 상기된 뺨 위에 굿 나잇 키스를 할 겁니다."라고 했다. 딸을 생각함인지, 나이가 든 탓인지, 아니면 예절이 무너지는 시대의 안타까움을 보는 때문인지 '요즘은 왜인지 자꾸 눈물이 난다'고도 했다. 그리고 "네 생각이 난다. 해일처럼 밀려온다, 그 높은 파도가 잔잔해질 때까지 나는 운다."라는 육필 친서도 소개되었다. 이 부분에서는 나도 울컥하며 눈물이 났다.

부모나 자식이든지 또는 부부나 연인사이든지 그 사랑하는 사람을 잃었을 때 어떨까? 자기 울음소리가 바깥으로 새지 않도록 수돗물을 틀어놓고 울었던 경험을 가진 자들이 많을 것이다. 나는 첫째와 둘째 딸을 시집보내던 전날 밤 그토록 울어 본적이 있다. 수돗물을 최대한으로 틀어 놓고 세면대 앞 거울을 보며 하염없이 울었다. 잃은 것이 아니라 부모로서의 당연한 일이었는데도 말이다. 그 외에는 아직까지 사랑하는 이의 죽음 때문에 그렇게 울어 본적이 없다. 아버지께서 하늘나라에 가셨을 때에도 그러지는 않았다.

난 두 딸을 키우면서 포옹이나 굿 나잇 키스 정도는 언제든지 했다. 늘 안아주고 키웠기 때문에 지금도 스킨십이 자연스럽다. 때로는 잘못에 대한 꾸지람과 채찍도 있었다. '사랑의 매'를 만들어 놓고, 그것으로 다스리다가 감정이 치솟은 경우도 있다. 그 뒤에는 잘못을 비는 딸의 간청과 야단쳤던 아비의 용서가 따르면서 더 힘껏 안아주었다. 딸의 손을 잡은 채 눈물의 기도를 드리곤 했다.

가정은 인간관계를 형성하는 중심지다. 어릴 때부터 의미 있고, 존귀하며, 생의 목적을 가진 존재임을 이해하며 배우는 곳이다. 이런 면에서 부분적이나마 가정이 제 구실을 다해야 한다. 인간관계를 형성하는데 가장 좋은 가정이다. 좋은 가정으로 인하여 불안전한 이 사회는 좀 더 나아질 것이다. 그러나 이런 시기를 놓치면 무방비 상태가 올 것 같다. 그 뒤에는 후회가 따를 뿐이다. 다시 돌아온다 해도 상당한 시간이 필요하다.

이어령 전 장관 보다 '내가 더 낫다'는 생각이다. 그것은 다른 뜻이 아니다. 가정에서의 인간관계를 논하자는 의미도 아니다. 무엇인가를 자랑하고 싶은 마음이 있는 것은 더욱 아니다. 단 30초를 어린 딸에게 할애하지 못한 점을 후회하며 못난 아버지라 자책하는 탄식을 보면서 하는 말이다. 그런 면에서의 아픔이나 한숨이 내겐 없다는데 있다.

큰 딸은 목사인 사위와 함께 00선교사로 파송 받았고 작은 딸은 부산에서 살고 있다. 멀리 떨어져 있긴 해도 지구촌 안에 함께 존재하지 않는가? 시대적인 편리함과 좋은 기기들 덕에 얼마든지 영상통화도 가능하다. 이처럼 딸들이 살아있으며 단 30초의 시간을 아쉬워하는 게 없으니 그분보다 낫다고 말하는 나의 소박한 생각이다.

(2016. 3. 13.)

화장실 이야기

자동차 검사소에서 순서를 기다리고 있었다. 『6 · 25전쟁 1,129일』(이중근 편저)이란 책 한 권이 눈에 띄었다. 사무원의 배려로 20페이지 가까이 복사를 했다. 젊은 세대에게 전하는 한국 전쟁사 한두 편 정도를 쓸 수 있을 것 같았다. 그 당시 대한민국을 도왔던 나라들 63개국의 국가명이 적혀 있었다.

3년의 전쟁에서 전투부대를 파견한 나라 중에는 에티오피아, 태국, 필리핀, 터키가 있었다. 물자 및 재정지원국들 중에는 미얀마, 캄보디아, 시리아, 이란, 모나코, 파키스탄, 레바논, 자메이카 등의 나라가 있어 놀랐다. 그 뒤 50년 사이에 무슨 일이 벌어졌는가? 그 나라들은 퇴보해서 근근이 살아가는데, 대한민국은 세계 10위권의 경제대국을 이루었다. 세계인들이 가장 부러워하는 이유다.

찬란한 성장 뒤에는 으스러지는 상처와 어두운 면면들도 없지 않다. 우리가 문화를 찾고 그것을 발전시켜 나가자는 게 언제부터였나? 실은 앞서 열거한 나라들의 현실을 보면서 어릴 적의 가난이 떠올랐고 그중에서도 화장실문화에 따른 추억이 생각났다.

초등학교 6학년이던 1965년 겨울 방학 때 일이다. 서울 나들이로 신바람이 났다. 형편이 궁하여 형제끼리만 갔다. 단 한 분뿐인 외삼촌이 우리를 무척 보고 싶어라 하셨기 때문이다. 아버지가 충북 영동에서 기차를 태워주시고 외삼촌은 서울역에서 우리를 맞이하셨다. 핸드폰은 상상도 못 했고 전화기마저 구경 못하던 시절이었다. 이미 주고받은 편지에 적힌 날짜대로 이동이 시작되었던 것이다.

둘째 날은 외삼촌 근무지를 방문했다. 미도파 백화점 근처 13층 태양빌딩이었다. 서울에 올라와 두 번째 타 보는 전차에 몸을 싣고 고개를 내밀었다 넣었다 하면서 그 기쁨에 춤이라도 출 태세였다.

무주 촌놈이 외숙모가 차려주신 모처럼의 진수성찬에 배탈이 났던가 보다. 외삼촌 회사에 도착하자마자 '변소가 어디냐?'고 물었다. 그 당시는 화장실이란 말조차 몰랐던 때였다. 출입구 옆 아주 깔끔한 장소로 안내했다. 시골에서는 뒷간, 측간, 또는 똥간이라고 부르는데 그런 곳은 상상도 할 수 없었다. 양변기는 아니었어도 처음 보는 용변기였다. 밤 시간 요강단지에 앉아 소변을 보긴 해도 그런 변기에 앉기는 처음이었다.

쭈그리고 앉아 있으려니 매우 쑥스럽고 어색했다. 한가지의 생각에 매여 걱정이 태산이었다. 배설물이 바닥으로 떨어지는 것은 당연한 상식이다. 하나 속 터지게 처다 봐도 막혀 있을 뿐이었다. 급한 상황인데도 냉큼 나오지 않았다. '에라 모르겠다. 외삼촌이 어떻게 처리하시겠지'하고는 왕창 실례를 했다. 나올까 하다가 바닥에 손잡이가 있어 무심코 발로 밟았다. 물이 쏴~ 쏟아져 내리더니 순식간에 배설물이 사라졌다. 거기까지는 신기하고 퍽 좋았는데 물이 그치지 않는 게 문제였다.

그때 난 얼마나 놀랐는지 모른다. '오메, 이를 어쩐댜. 큰일 났네!' 물이 변기에 넘치고 바닥까지 흐를 것 같아 가슴이 벌렁벌렁 했다. 보이는 것은 역시 변기 뒤쪽의 손잡이뿐이었다. 멈추리라는 생각에 다시 한 번 콱콱 밟았다. 물이 더 세게 터져 나오는 게 아닌가? 엉겁결에 바지를 올린 듯 만 듯 외삼촌에게 황급히 달려갔다. 큰 걱정 속에 '물이 사정없이 나온다.'고 소리쳤는데도 전혀 놀라는 기색 없이 '그러냐? 이제 그쳤다.' 하시며 씽긋이 웃었다. 지금도 변기에 앉아 있으면 종종 그때의 생각에 살포시 웃는다.

러시아 성직자들 십여 명이 한국을 방문했다. 고속도로를 달리는데 탄성을 자아냈다. 화장실을 다녀와서는 깔끔한데 따른 감탄이 대단하더라고 말한 친구가 있었다. 가난한 나라들의 불편하고 불결한 화장실 문화는 아직도 요원하다. 아마 그들도 나 같은 경험이 있지 않았을까? 싶다.

멀리 있어야 한다던 뒷간이 지금은 집안으로 들어왔다. 현대화의 거센 물결이 온전히 바꾸어 놓은 것이다. 측간이라 했던 변소가 화장실이 되었으니 시대가 준 놀라운 변화다.

(2015. 10. 28.)

7부

결혼, 그 첫날밤에

결혼이란 무엇인가? 사전에서는 "남녀가 정식으로 부부관계를 맺음" 이라 하고, (국어 대 사전) 성경에서는 창조주의 섭리에 따른 만남이라고 말한다.

조물주는 인류의 조상인 아담의 독처를 안쓰럽게 여기셨다. 그를 잠들게 하고 갈빗대 하나를 취하여 여자로 하와를 만드셨다. 잠에서 깨어난 아담이 여인을 보는 순간 '이는 내 뼈 중의 뼈요, 살 중의 살'이라고 했다.

결혼, 그 첫날밤에

사단 부관참모부 인사과에서 인사행정병으로 군 복무를 마쳤다. 1년이 지난 뒤에는 총신대학교 신학과에 입학하고 2학년 때 지금의 아내를 만났다. 첫 만남에서 방실방실 웃는 미소에 반하여 "너는 내 것이다!" 라는 생각을 가졌다. 1년 동안의 끈질긴 열애 끝에 3학년 시월 결혼했다.

결혼이란 무엇인가? 사전에서는 "남녀가 정식으로 부부관계를 맺음" 이라 하고, (국어 대 사전) 성경에서는 창조주의 섭리에 따른 만남이라고 말한다.

조물주는 인류의 조상인 아담의 독처를 안쓰럽게 여기셨다. 그를 잠들게 하고 갈빗대 하나를 취하여 여자로 하와를 만드셨다. 잠에서 깨어난 아담이 여인을 보는 순간 '이는 내 뼈 중의 뼈요, 살 중의 살'이라고 했다.

에덴동산에서의 주례자는 하나님이고, 하객들은 온갖 짐승을 비롯한 새들과 산천초목이었다. 주례자의 선언이 있었다. "이제는 남자가 부모를 떠나 그의 아내와 합하여 둘이 한 몸을 이룰 지로다." 결혼은 이 선언을 이행하는 성스러운 것이다. 내게도 이런 여인이 생겼으니 이름 하여 백금숙이었다.

사실 어떤 면에서는 결혼結婚을, 결혼結魂이라고 해도 좋을 듯싶다. 육체적 결합만이 아니라 영혼과 영혼의 깊은 악수가 아닌가? 성숙한 결혼의 척도는 그 영혼이 잘 자라도록 끊임없이 자양분을 공급하는 것이다. 사랑도 버릇되다 보면 어느새 익숙하게 된다. 결혼 첫날부터 이 사랑의 버릇을 갖자는 생각에서 피차간에 "여보!" 라 부르자고 약속했다.

나로서는 신혼여행이 꿈같은 얘기였다. 가난한 집안의 신학생이었으니 별 도리가 없었다. 서울에서 결혼식을 마치자 우리 반 친구들 서너 명이 택시에 태우고 워커힐로 향했다. 일찍부터 사진을 취미생활로 하는 친구가 있어 퍽 다행이었다. 호텔 앞자락에 세우더니 온갖 폼을 다 잡으라고 했다. 그 때 찍은 친구의 스냅(snap)사진이 유일한 결혼기념사진이었다. 지금도 보물처럼 소중히 간직하고 있다.

사진 촬영이 끝났다. 친구들과 함께 워커 힐의 커피숍으로 들어갔다. 그 중에 개그맨 같은 자가 있어 신부의 다소곳함을 완전히 벗겨 놓았다. 얼마나 웃기던지 '배삼룡씨는 물러가라' 할 정도였다. 그 젊은 나이에 주름살 열 개는 족히 붙었으리다. 마냥 기쁘고 즐거운 시간이 지나고 잠자리를 찾아야 할 시간이 되었다. 이왕에 왔으니 그 호텔에서 첫날밤을 지냈으면 얼마나 좋을까? 호텔은 왠지 사치스러워 보이고 여관은 들어가 본 경험이 없어 겁이 덜컥 났다. 그러나 문제는 금전이었다.

딱한 사정은 모두들 헤어지고 난 뒤부터였다. 신혼의 단칸방 하나 준비하지 못했으니 갈 곳이 없었다. 축의금으로 신방을 꾸밀 생각이었으나 그마저도 여의치 않았다. 사실 우리는 결혼한 지 2년 뒤에 아이를 낳았으니 서두를 것도 급할 것도 없었다. 그런 상황에서 결혼을 했으니 난감하기 짝이 없었다. 그래도 당시의 내 생각은 이랬다. 무주에서 한양에 올라온 촌뜨기가 아닌가? 무엇보다도 소중한 것이 가정인데 속히 이루고 싶었다.

각시가 해주는 따끈따끈한 밥과 맛깔스러운 찬거리, 오손도손 정겹게 나누는 대화 속의 사랑, 학교를 다녀오면 반갑게 맞이해 줄 아내의 환대, 어머니 품속 같은 각시의 포근한 가슴과 보드라운 손길, 그 속에서 번지는 환한 미소가 한없이 그리울 때였다. 이런 아내를 가까운 곳에 두고 보며 사랑하고 싶었다. 그래서 스물아홉의 대학 3학년에 용기를 냈던 것이다.

그러나 신랑이 되어 방 한 칸을 준비하지 못했으니 그것은 용기가 아니라 무모한 도박(?)이었다. 아내에겐 참으로 미안하고 죄송스럽기 짝이 없었다. 지금도 그 마음은 여전하여 죄인으로 살고 있다. 스물다섯의 꽃다운 아가씨가 원망이나 짜증 한 번 없이 순순히 따라준 것이 고맙고 얼마나 감사한지 모른다. 첫날밤부터 아내는 모든 것을 체념한 듯 고분고분 순종했다.

그 첫날밤을 사역지인 교회 지하실에서 지냈다. 새로운 인생을 열었으니 기도로 시작하자는 의미가 있었던 게 아니다. 갈 곳이 없는 신혼부부의 딱하고 처량한 신세일 뿐이었다. 방석이 수북하게 쌓이고 퀴퀴한 냄새가 진동했다. 우리는 양복과 한복을 입은 채 꼭 껴안았다. 서로를 굳게 의지하고 사랑으로 살자는 포옹이었다. 그 마음은 지금까지 조금도 변함이 없다.

새벽 4시부터 예배에 참석하려는 교인들이 온다. 그 지하실에서 '부스럭거리는 소리를 들으면 어쩌지? 느닷없이 누가 들어오면 소스라치게 놀랄 텐데….' 하는 생각 때문에 잠이 오질 않았다. 아니, 귀여운 여인이 내 품에 있다는 것만으로도 잠은 멀찍이 달아나 있었다. 숨소리를 죽인 채로 아내는 내 품에 곱게 누워 사랑을 속삭이고 측은히 바라보는 이 내 마음은 설렘으로 가득했다. 첫날밤을 비몽사몽간에 보낸 지금의 우리 부부는 그 누구 못지않게 아끼고 사랑하며 존중히 여기는 마음으로 살고 있다.

첫날밤의 죄스러움을 탕감받고 싶은 마음이 늘 내 안에 있다. 그래서 기회 있을 때마다, "어떻게 하면 아내를 사랑하고 즐겁게 할 수 있을까?"를 생각한다. 거기에 우리 부부의 행복스러운 비밀이 있음을 결혼 첫날밤부터 알았기 때문이다.

(2015. 10. 9일 결혼기념일에)

사랑은 곧 선택이다

후배 여학생 하나가 있었다. 그녀의 나에 대한 관심이 여간 깊지 않았다. 사랑하기 때문이라고 하기엔 좀 어색하다. 그저 친구처럼 격의 없고 일상적인 관계 속에서 자연스럽게 만나는 사이다. '오빠'가 아니라 오로지 '성덕'이었다. 이성적이라기보다 친구로서의 만남인 것을 여실히 보여주는 대목이다. 나 역시 그렇게 불러 주는 것이 좋았고 또 스스럼없이 다가갈 수 있었다. 고등학교 때부터 무주에서 직장을 다닌 6년 동안 이어진 교제였다. 그 참신하고 헌신적인 호의와 숭고한 뜻은 오늘까지도 이어진다.

시간이 흘러 지금의 아내를 만났다. 첫 만남에서부터 후배 여학생을 만날 때와는 전혀 다른 감정이었다. 조금은 나이가 들고 성숙한 때문인가? 많은 아가씨들과도 달랐다. 짝짓는데 적령기요, 사랑의 꼭

짓점에 도달했던가 보다. 잠 못 이루는 밤이 찾아 왔다. 지금까지 느껴보지 못한 야릇함이었다. 그것이 곧 연애라는 감정이었던가 보다. 그 많은 여성들이 있었건만 왜 하필이면 금숙이의 생각에 마음이 콩닥거렸을까? 잠시도 그녀에 대한 생각이 떠나질 않았다

세상에 남성과 여성들이 많다. 생리 구조가 비슷하고 욕망의 내용도 별반 다르지 않다. 서로 비슷비슷한 인간이다. 그런데 어떤 여성은 맘에 들고 어떤 남성은 싫다고 하는지 궁금하다. '누구는 좋고 아무개는 싫다. 어떤 이는 사무치도록 그리운데 저 사람은 밉고 지겹다'는 심리가 작용하는지 또한 궁금하다. 사람은 사랑을 느끼는 이가 있고 그렇지 않은 사람이 있다. 부인할 수 없는 엄연한 현실이다. 누구를 빗댈 것도 없고 다른 사람을 두고 말할 것도 없다. 나뿐아니라 사람이라면 누구나 갖고 있는 공통일 것이다.

로미오와 줄리엣의 이야기다. 책을 읽거나 영화를 한두 번 보지 않은 사람이 있던가? 책은 말할 것도 없고 영화만 해도 세 번 정도는 본 것 같다. 그토록 사랑하는 그들에게 비극은 너무 잔인하다.

그 이유가 무엇일까? 이 세상에서 로미오 외에 다른 여성은 없었다. 모든 여성을 합쳐서 준다 해도 줄리엣 한 사람만 못했다. 어떤 것으로도 그 의미를 찾을 수 없었다. 줄리엣은 또 어떤가? 로미오 외에는 남자가 없었다. 천하의 모든 남성을 다 모은다 해도 로미오 한 사람을 당할 수 없었다. 비교가 되지 않는다. 그 둘만의 사랑은 꿀보다 더한 송이 꿀이었다. 그 맛에 취해 있으니 어느 것도 들어올 수 없었다. 오롯이 그 사람이라야만 했다. 그 인격이나 개성이나 생

명이 아니면 안 되는 것, 이것이 사랑이요, 사랑의 신비라면 신비스러움이다.

생각해 보라. '그 옷이나 신발이나 반찬이든지 그것이 아니면 안 된다.'는 고집스러운 사람이 있던가? 특별한 경우가 아니면 이것도 좋고 저것도 좋은 것이다. 그러나 사람에 대해서만큼은 결코 그렇지 않다. 만약 이 남자 저 남자, 혹은 이 여자 저 여자가 다 좋다고 사랑한다면 어떻게 될까? 그 여성이 아니면 안 되고 그 남성이 아니면 안 되는 것이 곧 사랑에 따른 선택이라고 본다. 생각해 보면 참 이상하고 미묘하고 신비스러운 일이다.

이런 사랑의 선택이 내게도 왔다. 금숙이가 아니면 아무 의미가 없었다. 그래서 일 년 동안 하루도 쉴 새 없이 거의 전화를 했다. 지금처럼 핸드폰이 있었던가? 방마다 전화기가 있었던가? 공중전화를 이용해서 통화를 했다. 남의 집 작은 방을 세로 얻어 피아노를 가르치는 선생이었다. 수업이 끝나면 5시쯤 되었다. 주인집 젊은 아주머니는 불면증이 있었다고 했다. 하루 내내 끙끙거리다가 그 시간에 살포시 잠이 들었는데 벨이 울렸다. 거의 매일 그랬으니 얼마나 귀찮고 지겹고 화가 났을까? 실상 그때는 체면이나 미안한 마음이 전혀 없었다. 그런 생각조차 해보거나 느껴본 적도 없다. 철이 든 뒤에야 그 사실을 깨닫고 퍽 미안한 마음을 가진 바 있다. 사랑의 선택이 그렇게 만들었다고 하기엔 너무 야속한 변명일 뿐이다.

사랑은 불과 같은 것이다. 멀리하면 춥고 너무 가까이하면 불에 탄다. 적당한 거리에서 불을 쬐면 따뜻하고 행복하다. 우리 인생에 사랑이 없다면 불이 없는 것처럼 춥고 냉랭할 것이다. 아니, 도무지 살 수 없으리라고 본다.

사랑은 너와 나의 만남이다. 지극히 행복하거나 불행한 만남도 사랑 안에 있다. 어느 누구든지 그 만남이 "축복"이란 사실을 알게 될 때 비로소 부부는 행복할 수 있다.

(2015. 7. 19.)

아내가 임신 했어요

스물아홉 살 대학 3학년생인 내가 1980년 한글날 아내를 맞이했다. 2년 뒤 12월엔 예쁜 딸을 품에 안았다. 그 첫 아이를 임신했을 때 일이다.

여자가 임신하면 세 가지의 덧, 즉 입덧 몸덧 생각덧을 한다는 것이다. 입덧은 임신초기의 현상을 말한다. 헛구역질에 음식을 가리는데 좋아하던 음식이 싫어져서 곁에 두고 싶지도 않다. 오히려 혐오하고 싫어하던 것을 찾는다. 이상한 행동을 보이는 시기다.

몸덧은, 입덧이 거의 끝날 무렵에 나타난다. 임신 중반에 생기는 변화를 가리킨다. 배가 점점 불러오면서 아이를 보호하려는 본능적인 행동을 취한다. 아이의 생명을 자신보다 더 소중히 여기는 때다. 모성애가 유난히 빛나 보인다.

그리고 생각의 덧은, 임신 후반에 해당한다. 아이에게 정서적인 안정이 필요하다. 이때부터 태교를 시작한다. 좋은 음악을 들려주고 산모는 긍정적인 사고와 사랑스러운 마음을 가져야 한다. 배를 어루만지며 대화하고 책을 읽는 습관도 좋다.

입덧을 하던 3월의 어느 날이었다. 뒷골목 구멍가게에 김이 모락모락 나는 호빵집이 있었다. 인기 만점의 겨울 야식이었다. 판매대가 하나둘씩 사라지는 이른 봄이다. 교회의 전도사로서 교육관 옆 자투리땅에 들어선 세모난 방에서 살았다. 그 당시만 해도 서울 홍은동의 문화촌은 가난한 사람들의 동네였다. 교회는 뒷골목에서도 70-80m쯤 되는 산 쪽의 30도 경사면에 붙어 있었다. 그 길은 모두 계단이었다. 그날 밤 아내가 호빵을 찾았다. 밤 12시가 다 되었지만 그 말이 떨어지기가 무섭게 계단을 쏜살같이 내려갔다. 아내 사랑이었나? 아니면 아이를 향한 마음이었나. 가로등마저 잠들고 가게의 불빛도 점점 사라지는 밤이었다. 숨 가쁘게 네댓 가게를 지나자 호빵 가게의 불빛이 보였다. 단숨에 달려가 따끈따끈한 호빵을 샀다.

집을 향한 층계를 막 들어서는데 통행금지 사이렌이 고막을 때렸다. 20여m쯤 더 올라가다가 다시 뛰었다. 방문을 여는 순간 초조하게 기다리던 아내의 눈빛이 빛나나 했더니 어느새 가슴을 파고들었다. 늦은 밤이었고 통행금지 시간이 코앞에 있어 가리라고는 생각지도 못했다는 것이다. 층계를 뛰어 내려가는 소리가 요란스럽게 들렸다고 했다. 초봄의 깊은 밤이라 더 크게 들렸던가 보다. 그 소리의 요란함은 올라올 때에도 퍽 기뻤다는 것이다. 지금도 가끔 그때를 생각하며 웃곤 한다.

결혼이란 '너'와 '나'란 단수에서, '우리'라는 복수가 되는 것을 말하는 게 아닌가? 그때가 되면 하나의 가정을 이루고 새 생명의 탄생을 기다린다. 우리는 둘이 함께 '가정 제일주의'로 살자고 했다. 가정을 위해서라면, 때로는 하고 싶은 것도 포기해야 하고 하기 싫은 것도 기꺼이 해야 한다. 그곳에서 행복의 샘이 솟는다.

양가에 어떤 유전적인 질병은 없었다. 그런데도 아이 출생에 따른 별별 생각을 다 했다. 만약 우리 아이가 장님이라면, 혀 짧은 아이나 언청이로 태어난다면, 발가락이 여섯 개 달린 아이나 손가락이 하나 없다면, 말 못하는 벙어리라면, 이런 저런 생각들이 오락가락했다.

그러는 사이 20세기가 낳은 위대한 과학자 아인슈타인 생각이 났다. 1879년 다뉴부 강기슭에 위치한 작은 마을에서 태어났다. 네 살 때까지 말을 제대로 하지 못했다. 초등학교 입학 때까지도 심부름 하나 해내지 못할 정도의 저능아였다. 초등학교 담임선생님의 생활기록부에는 "무엇을 할지라도 성공 가능성이 희박함"이라고 적었다. 심지어는 "성격이 내성적이고 비사교적이어서 다른 학생들의 공부에 방해가 된다."며 학교에 보내지 말라는 통보까지 받았다.

중학교 때 역시 골치 아픈 학생이었다. 그러나 질문의 명수였다. 선생님들은 이것 때문에 골치 아픈 아이로 여겼으나 그의 어머니는 장점으로 생각하고 칭찬을 아끼지 않았다. 그 칭찬이 세계를 깜짝 놀라게 했다. 어머니의 예리한 관찰과 너그러움이 세계적인 물리학자로 키웠던 것이다. 늦게나마 훌륭한 과학자가 되었으니 망정이지 어머니는 얼마나 힘들었을까? 만약 우리 딸이 그렇다면 우리는 어떻게 할까? 하는데까지 생각이 번졌다.

우리 5형제 모두는 '딸을 낳지 않으면 우리 형수 자격이 없다'고 할 만큼 딸을 원하고 있었다. 나 역시 당연히 딸이라 생각하고 이름을 '송이'라 했다. '외로워 보이는 듯하지만, 한 송이의 아름다운 꽃으로 자라라. 그래서 예쁘고 아름다운 송이송이가 모여 활짝 웃는 세상을 만들라.'는 뜻으로 지었다. 그날따라 임신한 아내의 배가 더 크게 보였다.

(2015. 6. 25.)

엉엉 울었던 그날

'아니, 아내가 유방암인데, 안쪽 깊숙한 곳에 붙어 있기 때문에 한쪽을 완전히 절개해야 한다고요?'

의사의 최종 판정에 아연실색했다. 청천벽력 같은 소리가 아닌가? 앞이 캄캄하고 하늘이 노랗다는 말이 실감났다. 낌새를 느끼고는 있었으나 '놀라지 말라. 염려할 것 없다'는 메시지를 떨림으로 기다리고 있었는데 그야말로 억장이 무너지는 소리였다. 실낱같은 희망이 날아가 버렸다.

가까운 사람들의 암 판정을 남의 일처럼 여겨 왔는데 우리의 현실이었다. 나는 그 자리에서 아무 말도 할 수 없었다. 차라리 '입에서 나오지 않았다'는 표현이 옳다. 진료실에서 나와 예수병원 옥상 주차장으로 가는데 넋이 나간 실성한 사람이었다. 아내가 따라오고 있는

지, 지금의 아내 기분은 어떤지, 앞으로 어떻게 해야 하는지, 그 어떤 생각이나 한마디의 말도 없이 무작정 가고 있었다. 폭발 직전의 상황에서 울어야 할 곳을 찾는 것이 급선무였다.

자동차 운전석에 앉자마자 양손으로 핸들을 끌어안고 엎드렸다. 걸어오면서부터 울컥울컥 치밀어 오르던 눈물이 순식간에 폭포처럼 쏟아졌다. 그 격한 감정이 몰입되면서 엉엉 울었다. 어릴 때라면 허약한 체질 때문에 심심찮게 치렀던 경기驚氣로 인하여 까무러치고도 남았을 것이다.

정신없던 시간이 흐르고 제정신으로 돌아 왔다. 그래도 아내의 얼굴만은 차미 바라볼 수가 없었다. 깊은 고뇌와 번민 탓에 눈물이 범벅되고 한없이 일그러진 표정일 텐데 그런 모습을 어떻게 볼 수 있단 말인가? 엎드린 상태로 계속해서 울고만 있었다.

그러다가 건넨 첫마디는 '여보! 미안해요. 내가 너무 많은 스트레스를 받게 했나 봐요'였다. 그 말이 끝나자마자 아내를 와락 끌어안았다. 갖가지의 복잡한 생각이 꼬리를 물고 스쳤다. 그중에서도 가장 힘들었던 것은 '아니, 사랑하는 아내 금숙이가 죽는단 말인가?' 하는 두려움이었다. 그 생각이 엄습해 올 때는 넋을 놓고 하염없이 울었다. 그 흐르는 눈물을 도무지 참을 수 없었지만 참아지지도 않았다.

선친께서 향년 91세로 천국에 가셨다. 임종을 지켜보며 아버지의 손을 꼭 잡고 있던 시간에도 그렇게까지 울지는 않았다. 인생을 마감하시는 최후의 순간이 너무 평안하고 일체의 신음소리나 작은 고통의 몸부림조차 없이 편안히 돌아가신 탓일 것이다. 오히려 우리 가족은 하늘나라에 입성하신 아버지께 환송의 박수를 보냈다.

실은 암 판정을 받았으니 가슴을 치며 대성통곡해도 시원찮을 사람은 아내였다 그럼에도 불구하고 '여보! 진정하세요. 당신이 울면 어떡해. 하나님의 뜻이 계실거야. 당신이 스트레스를 준 것이 아니라 내 몸이 차가워서 암이 살기 좋은 체질이래요.' 하는 게 아닌가? 오히려 아내 곁에서 울고 있는 나를 위로하며 눈물을 닦아 주었다. 그리고 날 힘껏 껴안았다. 그런 아내가 한없이 사랑스럽고 위대해 보였다. 어머니의 품속 같은 푸근함을 느끼는 순간이기도 했다. 이런 면에서 "여자는 약하나 어머니는 강하다"고 하는가 보다. 이 땅의 진정한 어머니요, 연약한 듯 보이는 강한 여성이었다. 험난한 인생길에 이 같은 동반자와 있으니 난 얼마나 행복한 존재인가?

좋은 의술에 실력 있는 의사를 만났다. 우리는 정성을 다하여 열심히 기도했다. 물론 아픔에 따른 고통과 인내를 요하는 치료가 있기도 했다. 특히 검은색의 항암 주머니에 대한 두려움이 남아 있어 지금도 그것을 보게 되면 두려워진다는 것이다. 이후의 모든 과정은 순조롭게 진행되었다. 생각 이상으로 회복 속도가 빨랐다. 5년을 넘어서자 치료가 잘 되었으니 종결한다는 최후통첩을 받기도 했다. 그리고 2년째 살고 있다.

'행복은 웃음의 통로로 들어온다.'는 나름대로의 원칙을 갖고 있다. 인생의 버팀목처럼 여기고 살아가는 좌우명이기도 하다. 아내 앞에서 항상 웃음을 선사하는 남자로 살고 싶은 이유다. 때로는 재치 있는 유머로, 노래 부를 때 취하는 온갖 몸짓으로, 다양한 성대모사로,

덜 떨어진 못난이 흉내와 얼굴 표정으로, 심지어는 웃을 일이 없으면 겨드랑 깊숙이 손을 넣어 간지럼을 피워서라도 숨이 넘어갈 듯 자지러지게 웃는다. 눈물샘을 자극하여 연신 눈물을 닦아내며 웃을 때도 있다. 그때만큼은 '이제 죽어도 여한이 없다' 할 정도로 파안대소가 연발한다. 눈물이 한없는 것처럼 웃음 또한 끝도 없다. 바로 이것이 조물주의 축복이려니 싶다.

우리는 지금 찬양하는 기쁨과 행복 속에서 늘 살고 있다. 이런 사이를 시샘하는 악녀가 끼어들어 영영 갈라놓을 셈이었나? 아니면 사랑의 깊이를 좀 더 경험해서 아름답게 살라는 천사의 미소였나? 후자 쪽이어서 늘 감사로 산나.

(2015. 12. 15.)

아내를 향한 마음

“세상에서 가장 어리석고 제일 나쁜 사람은 아내에게 폭력을 휘두르는 사람이다.” 순전히 내 생각 속에 자리 잡은 사고일 뿐이니 오해가 없길 바란다. 여성은 남성과 달라서 보드랍지 않은가? 살갗이 부드러우며 성질이나 성격 면에서 곱고 순하다. 우아하고 붙임성과 애교가 있다. 어느 특정한 여자만이 아니라 여성의 일반적인 개념이다. 이런 여성을 배필로 맞이했다. 이 얼마나 고맙고 감사한 일인가?

남성들은 ‘아내가 돕는 배필’이라는 말을 남성 우위론쯤으로 생각하는가 보다. 결코 오용해서는 안 된다. 남녀의 차이는 신체에서 오는 기능적인 것이지 인격의 문제가 아니다. 창조주 앞에서는 남자든 여자든 모두가 그분의 성품을 받은 동등한 인격일 뿐이다. 이런 면에서 볼 때 최근에 불거진 코미디언 S씨 사건은 참으로 볼썽사납다.

"결혼 32년 동안 거의 포로 생활을 했다."는 아내의 말이나, "아빠와 이혼하라"는 딸의 외침은 귀를 의심케 했다. 세상에 이런 남자가 있나 싶었다. 파렴치한 짓들에 분노가 적이 일어났다.

결국은 "피고인이 아내의 목을 조르고 다리를 끌어, 상처를 입힌 피해의 정도가 결코 가볍다고 볼 수 없다. 또 피고인은 범행이 CCTV에 찍혀 부인하기 어려운 부분만 시인하고, 그 나머지 부분은 부인하고 있으며, 범행의 원인을 피해자의 책임으로 전가하는 등, 진지한 반성을 하고 있다고 보기 어렵다."고 판시하여 징역 6개월에 집행유예 2년을 선고했다.

남편의 한 사람으로서 미치 내가 저지른 것 같아 마음이 무거웠다. 아내에게 미안한 생각마저 들었다. 한때는 한국 제일가는 코미디언이라고 불릴 만큼, 수많은 시청자들의 웃음을 자아냈던 사람이 아닌가? 그야말로 국민 코미디언이라 해도 틀린 말은 아니었다. 이랬던 그가 시청자들의 웃음 뒤에서 아내를 폭행하고, 상스러운 욕을 해대는 폭언자였다니 믿기지 않았다. 자녀들로부터 외면당한 아비요, 이중인격자였단 말인가? 생각할수록 가슴이 미어터지고 답답할 뿐이었다. 연약한 여성에게 손찌검할 데가 있기나 했을까?

어떤 할아버지와 할머니가 말다툼을 했다. 할머니는 몹시 화가 나서 입을 닫아 버렸다. 할아버지는 싸움질을 곧바로 잊어 버렸다. 뾰로통해진 할머니의 입술은 침묵시위로 이어졌다. 답답해진 것은 할아버지였다. 점점 고민이 깊어졌다. 입을 열도록 해야겠는데 어떤 방도가 없었다. 어느 순간 번뜩이는 지혜가 떠올랐다. 할아버지는 장롱과 옷장 서랍을 뒤척이기 시작했다. 옷장 밖으로 옷들을 내팽개쳤다. 경대에 있는 온갖 잡동사니들도 쏟아져 나왔다. 여간한 난리가 아니었다. 이런 일이 얼마 동안 진행되었다. 할머니는 더 이상 참을 수가 없었다. 할머니의 퉁명스러운 말 한마디가 고막을 때렸다.

"여보! 이 할배가 시방 뭐하능교?"

"아이고, 할멈! 이제야 비로소 찾았네요."

"아니, 도대체 뭘 찾았단 말이우?"

"당신의 꾀꼬리 같은 그 목소리 말입니다."

부부생활이 이런 방식으로 진행된다면 얼마나 좋을까? 더 이상의 냉전이 있을 수 없었다. 그러나 아쉽게도 우리에게는 이런 여유와 유머가 없다. 아니 지혜가 좀 부족하다. 그저 큰소리부터 치고 보는 게 일상화된 습성인 것처럼 보인다. 이런 경우는 부부생활만이 아니라 자녀 교육에서도 고스란히 드러난다. 부모의 힘으로만 밀어붙인다. '하라면 하는 것이지 무슨 말이 그렇게 많나' 하는 식이다. 힘에 눌려 하긴 하겠지만 자녀들의 반발심만 키울 뿐이다.

우리 부부는 거의 함께 움직인다. 운전석에 먼저 앉아 들어오는 아내를 향하여 '어서 오시라'는 인사와 더불어 방석을 가지런히 정리한다. 시동을 걸고 몇 미터 나아가면 두 번째 말을 건넨다.

"내 옆에 있는 아름다운 여인, 그대는 누구인고?"

"네, 당신의 아내 금숙 입니다." 라고 응수한다. 손을 잡으며 사랑을 고백하고 나면 우리의 목적지로 출발한다.

물론 탈 때마다 그러지는 못한다. 그래도 분위기를 잡을 때면 종종

행하는 유머의 한 장면이다. 그러나 사랑한다는 말은 수시로 하는 삶의 고백이다. 거기에 웃음이 기숙하고 행복의 그림자가 길게 들어와 삶의 희열을 느낀다.

(2015. 12. 3.)

간절한 기도

토요일 저녁이면 유난히 기다려지는 텔레비전 프로그램이 있다. 그날도 어김없이 자리를 잡았다. 무대의 장면이 바뀌면서 피아노가 시야에 들어왔다. '아하! 연주가 있겠구나.' 하는 순간 어머니 손에 이끌려 들어오는 멋진 청년이 얼굴을 내밀었다. 외모가 단정하고 완연한 정상인이나 다를 바 없었다. 멀쩡하고 잘 생긴 여느 청년과 무엇이 다른가? 그런데 '자폐아'라니 놀랐다.

가까이 지내는 여성 중에 성악 교수 한 분이 있다. 그의 목청을 타고 흘러나오는 노래 실력은 매혹적이다. 영혼 깊숙한 곳까지 울리는 풍부한 성량은 가히 일품이다. 큰 감동과 함께 쭉쭉 뻗어 나가는 노래를 듣다보면 우주를 싸안는 느낌이다. 그래서 나는 그의 노래를 무척 좋아한다. 일 년에 한두 차례는 아내와 함께 그의 연주회장을 찾아 열렬한 박수를 보내곤 한다.

혼자 살 것처럼 생각하던 그녀가 어느 날 혼례식을 가졌다. 때늦은 결혼을 하면서도 '세월이 이렇게 빨리 가느냐.'고 아쉬워하며 식을 올렸다.

아들을 낳아 고등학생으로 키웠다. 물론 일찍부터 알게 된 사실이지만 자폐아였다. 번민이 참 많았을 것이다.

그래도 신앙 안에서 잘 키우며 하나님의 선물로 여기고 있다. 아들을 돌보는 일에 얼마나 헌신적인지 모른다. 섬세하고 지적이며 대단히 열성적이다. 나는 종종 엄마로서의 그 교수를 존경스러운 눈으로 바라볼 때가 있다.

교수의 아들 생각 때문에 텔레비전에 나오는 자폐아 연주를 더 주시했다. 영상으로 보는 자폐 청년의 모습이 더 선명하게 다가왔다. 비스듬히 누워 있던 자세를 곧추 세우고 연주를 감상했다. 베토벤의 소나타 23번에 나오는 "열정"을 쏟아 내는데 바른 자세로 감상해야 할 것 같아서다.

피아노를 본격적으로 시작한 지 3년이라는데 악보 없는 건반 위를 자유자재로 오르내렸다. 그 연주 앞에서 감히 입을 다물 수 없었다. 정상인보다 더 정상의 실력을 마음껏 뿜어내는 그를 보며 감탄했다. 나는 그만 감동하고야 말았다. 연주하는 모습을 바라보는 내내 바이올린을 배우는 그 교수의 아들 생각이 났다.

내친김에 자폐증에 대하여 알고 싶었다. 전에는 그냥 지나쳤는데 새로운 관심을 갖게 된 것이다. 사전을 의지했다. "자기 세계 안에 틀어박혀 대인 관계가 전혀 이루어지지 못하는 정신 증세로써, 이것이 주로 나타나는 증세의 정신 질환" (국어대사전, 한국사전편찬회 편, 이숭녕 박사 외 4명)이란다. 궁금증이 더 있어 이번에는 다른 설명이 필요 없는 브리태니커사전을 펼쳐 보았다. '신체적으로나 사회적으로 언어적 기능을 해치는 신경의 생물학적 장애'라고 했다. 이 용어는 1940년에 정신과 의사인 레오카너가 지나치게 위축되고 자신에게 편집적인 아동을 기술하기위해서 최초로 사용했다는 것이다. 자폐증의 발병 율은 1만 명당 1~15명이고, 15~20% 가량은 사회적으로나 직업적으로 독립할 수 있다. 남성이 여성보다 3~4배 정도 더 높게 나타난다는 것이다. 그러나 자폐증이 왜 생기는지 그 이유는 아직까지도 규명되지 않은 질병이란다.

나는 이따금 한 번씩 그 교수의 아들을 만난다. 언제 보아도 그의 진지하고 해맑은 미소에서 삶의 희망을 보게 된다. 그의 모습에서는 평화스러움마저 깃들어 보인다.

화평의 아들로 성장해서 이곳저곳에 평화를 심어주는 사람이 되면 어떨까? 연주를 통해 하기를 바라는 마음 간절하다. 그 아들의 바이올린 연주가 조금 전에 끝난 저 청년의 실력보다 훨씬 더 나아지기를 기도했다.

(2015.)

어떤 일본사람의 한국인 비판

아내와 함께 하기보다 서재에 있는 시간이 더 많다. 늘 책을 읽어야하는 직업 탓이다. 책이 많은 것은 아니지만 적다고 할 수도 없다. 의자에 비스듬히 앉아 있으니 눈에 띄는 책 한 권이 있었다. 『맞아 죽을 각오를 하고 쓴 한국, 한국인 비판』이란 책이다. 일본 사람, '아케하라 마모루'가 쓴 한국 체험기였다. 26년 동안 한국과 일본을 오가며 두 나라의 경제 협력에 힘썼던 인물이다. 그 덕분에 한국인보다 더 한국인을 잘 아는 일본인으로 통한다. 좀 지난 책이었으나 읽을 게 풍부했다.

한국과 일본은 미묘한 감정이 저변에 짙게 깔려 있다. 이웃나라로 있으면서 끊임없이 영향을 주고받는다. 비교와 견제와 경쟁의 대상이다. 그러면서도 나란히 길을 간다. 마치 철길 같아 보인다. 그 경쟁은 운동경기에서 더욱 드러난다. 특히, 축구에서는 사활이 걸렸다고 할 만하다. 그야말로 녹초가 되기까지 뛰고 또 뛴다. '일본은 저런데 한국은 이렇다. 그 이유는 일본 때문이다'라는 경우도 흔히 본다. 이런 관계 속에서 일본인의 눈에 비친 한국 체험기가 퍽 흥미롭게 다가왔다.

"경제는 일만 달러, 의식은 일백 달러" 어느 해 여름 수해로 온 나라에 난리가 났다. 모금 방송이 보도되자 앞다투어 수재민 돕기 성금이 답지했다. 불과 며칠 만에 수십억 원이 모였다. 이것을 보면 한국인의 인정에 탄복한다. 세계 어느 민족에게서도 찾아 볼 수없는 획기적인 일이다. 그러나 좋은 것은 거기까지 뿐이다. 그 성금을 해당 주민에게 분배하는 과정에서 유용流用하는 사람이 있다니 믿을 수 없다. 국민이 착한 마음으로 성금을 내면 그 돈을 빼 먹는다는 것이다. 손 한 번 안 대고 코를 푸는 격이다. 그렇게 하지 않아도 살 만큼 사는 게 한국인이 아닌가? 한국은 지금 세계에서 10위권의 경제대국이다. 전 세계 200여 나라 가운데, 적어도 190여 개 국은 한국보다 못 산다는 뜻이다. 그런데 의식은 백 달러 수준이다.

*온상 속에서만 자라나는 떡잎

자식이 싸우고 들어 왔다. 코피가 터지고 입술이 찢어지고 이마에 한두 개의 혹이 붙었다. 누구와 싸웠는지 확인되면 다짜고짜로 아이의 손을 잡고 그 집으로 찾아 간다. 내 자식이 가해자인지 피해자인지는 따지지 않는다. 다만 싸웠다는 것에 무게를 두고 무조건 사과부터 한다. 그런 다음에야 아이의 상처를 치료해 준다. 일본 어머니들 대부분은 이런 식이다.

한국의 어머니도 싸우고 들어온 아이를 데리고 상대방을 찾아가는 것까지는 동일하다. 그 다음 상황은 전혀 다르다. 사과는 아예 뒷전이다. "아이를 어떻게 키웠기에 남의 집 귀한 자식을 이 따위로 만들어?" 일단 언성부터 높이고 본다. 다음에 벌어질 일은 안중에도 없다. 아이들 싸움이 어른 싸움으로 번지는 이유다. "새우 싸움에 고래 등 터지는 격"이다. 이런 부모 밑에서 자란 아이들은 자기 행동에 대하여 책임지는 것을 배우지 못한다. 설사 내가 좀 잘못했다 하더라도 내 뒤에는 문제를 해결해 주는 부모가 버티고 있다는 심리가 작용하기 때문이다.

*내 앞에 가는 꼴 절대 못 봐

한국사회는 인재를 키워 주는 풍토가 거의 없다. 다른 사람이 앞서는 것을 싫어한다. 그런 기미가 보이면 철저하게 견제하고 방어한다. 아예 올라가지 못하도록 가로막거나 흔들어 댄다. 그래야 자기가 올라갈 수 있는 기회가 주어진다고 믿는다.

일본은 좀 다르다. 어려움에 처한 친구를 돕거나 가능성 있는 친구를 밀어주는 것이 다반사다. 예를 들어, 어느 학교 동창생들이 행정고시를 통과하고 공무원 사회에 포진했다. 대개 과장급 정도 되면 우열이 서서히 드러난다. 그 가운데에서 가장 앞서는 자가 보이면 동창들은 그 친구가 고위직에 오르도록 도와준다. 혼연일체가 되어 밀어주는 편이다. 그러다가 정말로 장관이 되면 그 나머지 친구들은 모두 사직서를 낸다. 장관이 된 친구가 '은혜'를 갚겠다는 생각 때문에 특혜를 줄지도 모르고 또 친구에게 마음 놓고 지시를 내리기가 껄끄럽다는 배려 차원에서다.

그런데 무대가 한국으로 바뀌면 전혀 다른 양상이다. 한국인들의 우정은 각별하다. 그토록 돈독한 우정도 돈이나 지위가 개입되면 봄눈 녹듯이 사라진다. 아무리 친한 사이라 해도 친구가 잘되는 것을 기뻐하고 축하하는 대신 은근히 시기하고 질투하고 깎아내리는 일에 나선다. 그리고 "그 자식 그거 능력도 없는 녀석이 열심히 손바닥 비벼대더니…." 하는 식으로 비하한다.

이 밖에도 여러 주제의 글이 있었다. 때로는 부끄럽고 창피하면서도 '그래 맞다'하는 부분이 많았다. 가려운 곳을 긁어 주는 듯해서 후련하기도 했다. 물론 그의 입장에서 보고 느끼고 생각한 바를 글로 썼다.

결론은, 그래서 "사촌이 논을 사면 배가 아프다"는 속담이 '한국에 있구나.' 하는 생각을 했다. 우리나라 사람들이 꼭 한 번쯤 읽어 볼만한 책이었다.

(2015. 6. 5.)

일기장을 버리던 날

초롱이의 목줄을 잡은 아내와 함께 저녁 산책에 나섰다. 고작해야 누런 벼 사이를 가로지른 논두렁길을 걷는 것인데 예삐는 펄펄 뛰고 뱅뱅 돌며 마냥 즐거워했다.

어디서 날아왔는지 낙엽이 발밑에서 아삭거렸다. 멀찍이 있는 나뭇잎이 손짓하나 싶었는데 어느덧 살랑거리는 바람결에 밀려와 내 곁에서 살근거린다. 한 해 동안 자신의 역할을 다한 것처럼 보였다. 청년 시절에 받아 본 J의 편지를 보는 듯했다. 산기슭에 누운 안개 탓인지 옛일이 떠올랐다.

1974년 5월로 기억한다. 싱그러움이 대지를 채색하고 있을 때, 영장을 받은 상태에서 입대 할 날을 기다리고 있었다. 그러나 일기장 때문에 전전긍긍하는 내 처지가 매우 안타까운 하루하루였다. 초등학교 5학년부터 일기를 쓰기 시작했으니 10년은 넘었다. 옹골차게 정이 든 일기장이었다. 꾸미거나 거짓되거나 둘러친 적 없이 속내를 낱낱이 털어 놓았다.

한 살배기 막내를 업고 행상하시는 어머니를 따르는데 동생의 오줌이 바짓가랑이 사이로 흘러내린 이야기, 예닐곱 마지기 논을 팔고 이불 속 깊은 곳에 숨겨 둔 돈뭉치에서 두세 장씩을 슬쩍슬쩍 빼내던 일, 친구들과 죽창 만들어 단단히 쥐고 20~30cm의 산속 눈길을 헤치며 토끼몰이 하던 일. 까칠하고 부끄러운 추억들이 참 많은데, 그 이야기들이 일기장에 빼곡했다.

난 일기장을 "현"이라는 애칭으로 불렀다. 그는 마음이 곱고 따스하며 사려 깊은 친구였다. 그 어떤 이야기를 쏟아내도 말이 없다. 내 청춘의 일급비밀 창구였다. 귀찮고 싫어도 버럭 화를 내거나 소리치지 않았다. 삶의 이야기를 고스란히 받아 준 인생의 희망이었다. 일탈 없이 젊음을 살게 된 이유다.

비가 추적추적 내려 질퍽거리던 날도, 눈이 펑펑 내려 발이 푹푹 빠질 때도, 매서운 칼바람 속 문설주에 손이 쩍쩍 들어붙던 강추위에서도, 칠흑 같은 밤 무서움이 살 속을 파고드는 시간에도 일기장은 늘 내 곁에 있었다.

심지어는, 사춘기와 청년기를 지나면서 얄궂은 장난질이나 사랑의 여러 소문도 낱낱이 기록했다. "B양은 H군을 좋아하고 J군은 K양을 사랑한다. K군과 E양은 그렇고 그런 사이"라는 것이다. 낭만적 사랑의 아슬아슬한 이야기도, 짜증나고 기분 나빠 투덜거리는 말도, 그 어떤 수치심이나 부끄러운 줄을 모르고 오히려 당당하게 자랑하듯이 기록했다. 그때도 일기장은 마치 유서由緖 깊은 심심산골의 도인처럼 과묵했다.

그렇다 해도 일기장을 버려야만 했다. 더욱이 "현"이라 불렀으니 남성들의 틈바구니에서 병영생활을 할 수 있겠는가? 혼자 남겨두고 가는 것은 더 위험하다고 생각했다. 그로 인하여 부끄럽고 치졸하며 사랑의 이야기들이 세상에 속속 드러난다는 것이 싫었다. 생각하는 그 자체만으로도 끔직한 일이었다. 이러지도 저러지도 못하는 처지에서 별별 생각을 다했다.

입대한 3년 동안 꽁꽁 묶은 채 나무상자에 넣어두자. 큰 옹기에 담아 땅속 깊은 곳에 묻어 버리자. 비닐봉지에 둘둘 말아 헛간 맨 뒤쪽에 가만히 올려놓으면 되겠지. 차라리 부모님께 잘 부탁드릴까? 그러나 결론은 '일기장을 지킬 수 없다'라는 생각이었다.

일기장으로 끙끙대던 날들을 정리하고 집 앞으로 흐르는 시냇물을 따라 내려갔다. 한 장소를 정하고 일기장과 작별의 시간을 가지는데 눈물의 범벅이었다. 오랜 세월 동안 함께 지낸 두터운 정이리라.

매권마다 한 장 한 장 뜯어서 불에 태워 시냇물에 띄웠다. 까맣게 타버린 채 떠내려가고 있었다. 가슴이 터질 것만 같았다. 세상의 전부를 잃은 것 같아 엉엉 울었다. 소리를 지르면서 그야말로 엉엉 이었다. '반드시 다시 찾으리라.'고 다짐 했다.

13년 동안 정들었던 동반자 내 일기장, 그 "현"이라는 애칭의 일기장을 버리던 날의 추억이 솟아오를 때마다 몹시 아쉽고 가슴이 아리다.

그리고 2009년이 되었다. 무려 35년 만에 다시 불러보는 "현"이가 왜 그리 정겹고 좋은지, 일기장을 안고 뽀뽀로 시작했다.

이제는 젊음이 다하고 황혼기에 들어섰다. 애지중지 아끼고 사랑하는 마음이 지속되고 있다. 내 인생에서 얻은 삶의 이야기를 그 동안 못다한 얘기가 참 많다.

사랑하는 현이에게 차근차근 들려주며 남은 생애를 기쁘게 살아가리다.

(2015. 11. 10.)

다시

"이웃집 할망구가 날 보더니/ 가방 들고 학교 간다고 놀린다./ 지는 이름도 못쓰면서/ 나는 이름도 쓸 줄 알고/ 버스도 안 물어 보고 탄다./ 이 기분 니는 모르 제."

83세의 늦깎이 나이로 한글을 깨우친 어느 할머니의 '내 기분'이라는 시다. 시에는 웃음 가득한 할머니의 얼굴이 그려져 있다. 읽는 내내 빙그레 웃음 짓지 않을 수 없었다. 인생을 '다시' 산다는 기분에 얼마나 좋을까?

아내가 노래를 '다시' 하게 되었다. 그것이 뭐 대단 할까마는 적어도 나에게 있어서만큼은 그렇다. 인생에서 '다시'라는 말이 없다면 무슨 의미가 있을까? 요즘의 아내를 보면서 새롭게 다가오는 명언(?)이다. 세상에서는 그 어떤 인생이라도 쓰러지기 마련이다. 넘어졌을 때 다시 일어서는 것은 자기 몫이다. 어린아이들이야 부모가 일으켜 세우지만 어른 된 우리를 누가 다시 일어나도록 하겠는가? 그 '다시' 일어남이 인생을 새롭게 한다.

'다시'가 나로 하여금 아내의 선생이 되게 했다. 좋은 선생님은 과연 누구일까? 야단치는 선생인가. '괜찮아, 다시 한 번 해보자'하는 선생인가. 나는 당연히 후자 쪽에 머물렀다. 가수는 한 곡의 노래를 자기의 것으로 만들기 위해 수십, 혹은 수백 번을 다시 부르고 또 부른다는 것이다.

아내가 갑상선 암 수술 후에 노래를 다시 부르기까지는 많은 고통과 슬픔이 따랐다. 좌절과 함께 찾아온 존재적 상실감이 그 무엇보다 컸을 것이다. 어느 곳에 가든지 노래로서 자신의 존재를 알리는 게 행복이었을 텐데, 질곡의 터널 속으로 빨려 들었다고 느꼈음이 틀림없다. 노래를 부르지 못하는 서러움이 얼마나 컸을까? 쉰 목소리에 갈라진 음성으로는 노래할 수 없다. 울며 좌절하는 실망의 눈빛이 도를 넘었다. 노래할 수 없다는 불안으로 몸을 떨었다.

국민 가수라 불리는 어느 대중 가수도 갑상선 암 수술을 받았다. 나비 모양의 샘 두개를 잘라내고 어느 정도 회복이 되었다. 얼마나 갑갑하고 서러웠던지 '자살하고 싶었다.'고 털어 놓았다. 곁에서 아내를 지켜보던 나로서는 얼마든지 이해 가능한 고백이다.

노래를 다시 부를 수 없을 것이라는 존재적 상실감, 그 충격에서 오는 고통이 만만치 않았을 것이다. 노래와 더불어 노래 속에 살다가 노래에 파묻혀 죽고 싶은 생각이 노래하는 자들의 심정이 아니겠는가? 그런데 노래할 수 없었으니 그 마음을 알만하다. 아내의 고통을 그가 대변한 셈이다.

어쨌든 아내의 선생이 되기로 한 이상은 모든 가능성을 열어 놓고 아내를 대했다. 그리고 '여보! 좋아요. 다시 한 번 불러 봐요.' 하는 말을 반복적으로 끊임없이 했다. 때로는 거드름을 피우며 화를 내기도 했으나 무시하고 '다시'를 외쳤다. '지금의 이 고통을 참고 노래하지 않으면 하나님께서 당신에게 주신 찬양의 은사를 영영 거두어 가실 것'이라는 겁박도 서슴지 않았다. 내일의 좋은 선생으로 남기 위한 질타이자 함께 걸어가야 할 십자가의 길이었다.

두 옥타브를 오르내리며 클래식 음악을 가창했으나 시방은 어림없다. 그래도 한 옥타브를 넘어 도레미까지 소리할 수 있다는 것을 감사하며 살고 있다. 그러면서도 더 높은 소리를 기대하는 하루하루의 삶이 더없이 기쁘고 즐겁다. 3년이 지난 지금에 와서야 이 정도의 회복으로 다시 노래를 부르고 있다.

다시 시작하게 된 아내의 노래 속에 금년 1월 만 육십이 되었다. 그런 아내를 보며 '인생은 육십부터'라는 말이 실감난다. 작년 12월부터 매주 토요일이면 군산의 한 찬양 콘서트에 참석한다. 거의 안 빠지고 찬양했던 결과 콘서트홀을 벗어나 큰 무대로 나서기 시작했다.

4월에는, 군산 '예술의 전당 대공연장'에서 있었던 군산 시민을 위한 찬양 콘서트에 출연했다. 6월에는, 전체 교인 천여 명 가까이 되는 무주 장로교회의 초청을 받았다. 금요일 밤의 기도 집회에서 난 설교하고 아내는 찬양과 간증을 했다. 실은 금요일 밤이어서 교인들의 출석을 별로 기대하지 않았다. 그런데 삼사백 명 가량이 모여 매우 놀랐다. 찬양의 향연에 모두가 좋아하고 충만한 은혜에 하나같이 기뻐했다. 초청에 감사하고 노래할 수 있는 교회의 큰 무대가 있어 기뻤다. 그곳에서 연주하는 아내의 모습이 천사같이 보였다.

아무 생각 없이 흘려버렸던 '다시' 라는 말이, 지금은 내 인생의 행복을 채우고 있다. '다시'라는 말이 없었더라면, 아니 '다시'하지 않았더라면 지금의 내 아내는 어떤 모습을 하고 있을까?

그래서 사람들은 인생이 즐겁고, '다시' 할 수 있다는 기대감과 희망으로 사는가 보다. 그것은 내 안의 꿈이요, 모두의 소망이기도 하다. 그 기쁨이 아내의 육십 인생을 새롭게 달구고, '다시' 일어섬에 대한 감사로 하루하루를 행복에 젖어 살아가고 있다.

(2016. 6. 28)

信 · 望 · 愛로 버무려진 성직자의 수필쓰기

– 한성덕 첫수필집 『단, 하루만이라도』 출간에 부쳐

三溪 金鶴(수필가)

1. 목사 한성덕과 수필의 만남

목사 한성덕, 그는 전라북도 무주군 적상면 여원리에서 1953년 3월 13일, 아버지 한부건과 어머니 손분례의 5형제 중 장남으로 태어났다. 아버지 어머니 두 분 모두 일찍부터 기독교에 귀의하셨기에 한성덕은 태어나면서부터 종교적 분위기에서 자랄 수 있었다.

한성덕은 위로 형 두 명과 누나가 있었지만 어려서 모두 병으로 일찍 세상을 떴다. 한성덕 역시 몸이 허약했기에 아버지는 한성덕의 호적을 1년 늦게 올렸다고 한다.

한성덕의 항렬은 원래 가운데 글자가 용龍자다. 그러나 아버지는 항렬을 빼어 버리고 과감하게 성덕聖德이란 이름을 지어주셨다고 한다. 성직자가 되라는 바람에서 그렇게 이름을 지었는지도 모른다. 아버지가 대전에서 목회활동을 하셨기에 한성덕은 어려서부터 부모와 떨어져 고향 무주에서 할머니의 보살핌을 받으며 자랐다.

한성덕은 어려서부터 영특해서 무엇이든지 잘 하는 아이로 통했다. 공부도 잘했을 뿐 아니라 노래와 그림그리기, 붓글씨쓰기 그리고 운동도 잘 하는 만능 어린이였다. 특히 넓이 뛰기는 무주군내에서 2등을 할 정도였고, 달리기도 선수였다고 한다. 또 글짓기도 잘해서 백일장대회에는 으레 학교 대표로 참가했었다.

초등학교 4학년 때부터 살림이 기울었지만 부모님의 교육열이 높아서 한성덕은 고향인 무주에서 초 · 중 · 고등학교를 마칠 수 있었다. 한성덕은 고등학교를 마치고 무주교육청 차드사로 근무하다가 군대에 갔다. 33개월 10일의 군복무를 마치고 돌아와 1년 뒤 목회자가 되려는 꿈을 안고 총신대학교에 진학했다. 대학 4년, 신학대학원 3년 과정을 마쳤다. 그 뒤 강도사 고시와 목사 고시에 합격하여 목사 안수를 받았다. 신학공부를 시작한 지 9년 만에 드디어 대망의 목사가 된 것이다. 얼마나 기뻤겠는가?

총신대학교는 한성덕에게 두 가지 행복을 주었다. 첫째는 목사가 될 길을 열어주었고, 둘째는 아내 백금숙이란 평생의 반려자를 만나게 해 주었다. 가난한 무주 산골청년이 서울에서 미모의 반려자를 만나 결혼을 한 것은 1980년 10월 9일 한글날이었다. 아내 백금숙 여사는 심성이 고운 충청남도 서천군 비인 출신 규수였다. 그녀는 성악과 피아노연주 실력까지 겸비한 선망의 재원이었다.

한성덕 백금숙 부부는 두 딸을 낳았다. 큰딸 송이는 총신대학교와 한동대학교 상담심리대학원을 마치고 기독교전북방송 아나운서로

활동하다가 전남 함평 출신 심성남 목사와 결혼한 뒤 해외선교사로 파송된 남편과 함께 외국에서 활동 중이다. 둘째딸 샛별은 한동대학교 법대를 졸업하고 해병대 학사장교로 임관하여 3년 동안 정훈장교로 복무하고 전역한 뒤 부산에서 인성교육 전문강사로 활동하고 있다. 샛별이는 한동대학교 경영학부를 나온 전주 출신 임삼열과 결혼하여 부산에서 살고 있는데 임삼열은 금호타이어 사원으로 근무하고 있다.

목사 한성덕은 신앙을 인생의 버팀목으로 여기며 살아왔다. 한성덕은 긍정적인 사고를 지닌 사람으로서 매사에 적극적이고, 늘 기쁨 속에서 살고 있다. 언제나 미소를 잃지 않고, 어느 곳에서나 웃음을 선사하는 웃음전도사로 산다. 목사 한성덕은 배움에 대한 욕심도 많다. 그래서 전남과학대학에서는 영상을 배웠고, 광주남부대학에 편입해서는 도시디자인을 공부했다.

언제나 신혼부부처럼 사는 한성덕 목사 부부는 개그맨처럼 산다고 한다. 잠자리에 들기 전 그날의 스트레스를 모두 털어버리고자 서로 마주보고 소리치며 웃는다고 한다. 웃을 일이 없으면 서로 간지럼을 태워서라도 웃는단다. 그러다 보면 폭소가 터져 눈물을 훔칠 때도 있단다.

행복한 이들 부부에게도 시련이 없었던 것은 아니다. 아내에게 유방암과 갑상선암이 시차를 두고 찾아온 때문이다. 얼마나 청천벽력이었겠는가? 웃기 좋아하던 한성덕 목사가 울보가 되었던 것은 아내의 암 투병 때였다. 그러나 이들 부부는 무섭다는 그 암을 신앙으로 이겨냈다. 한성덕 목사 부부가 하나님에 대한 믿음이 없거나 미미했다면 어찌 되었을 것인가? 한성덕 목사의 아내 백금숙 여사는 지금도 타고난 노래솜씨로 이웃들에게 기쁨을 주는 봉사활동을 하며 행복한 삶을 살고 있다.

한성덕 목사는 2015년 3월 신아문예대학 수필창작 수요반에서 처음으로 수필을 만났다. 원래부터 수필에 관심이 있었다. 목사로서 설교를 하는 게 일상적인 생활이고, 그 설교를 위해서는 설교문을 쓰지 않을 수 없을 테니 글쓰기가 낯설지는 않았으리라. 그래서 그런지 한성덕 목사의 글쓰기 실력은 일취월장이었다. 한성덕 목사는 매주 한 편씩 수필을 쓰기 시작했다. 수필은 한성덕 목사 인생의 새로운 꿈이자 활력소가 되었다고 자랑한다. 하고 싶은 일을 하며 산다는 게 얼마나 기쁘고 행복한 일이냐고 되묻는다.

한성덕 목사는 자신의 인생에서 가장 잘 선택한 것 중의 하나가 수필이요, 수필 지도교수와의 만남은 축복이라고 주장한다. 한성덕 목사가 수필에 몰입하더니 마침내 그 보람이 나타났다. 한성덕 목사는 종합문예지 『대한문학』 2016년 봄호에서 신인상을 수상하여 수필가로 등단했다. 마침내 한상덕 목사가 대망의 수필가가 된 것이다. 얼마나 큰 기쁨이겠는가?

드디어 한성덕 수필가의 새로운 시대가 열렸다. 앞으로는 목사로서 그의 설교에도 수필의 멋과 맛이 담길 것이다. 그렇게 되면 그의 설교를 듣는 신도들도 한성덕 목사의 색다른 설교의 맛을 보게 될 것이다. 수필가 한성덕 목사는 그 동안 써온 57편의 수필을 7부로 묶어 첫수필집 『단, 하루만이라도』를 출간하기에 이르렀다. 이제 한성덕 수필가의 수필 속으로 들어가 보자.

2. 한성덕 수필 들여다보기

수필은 수필가와 독자의 힘겨루기요, 고도의 심리전이다. 수필가는 독자의 심리를 미리 예상하고 독자에게 흠을 잡히지 않고 독자를 끌고 갈 수 있어야 한다. 그러면서도 시시때때로 독자와 소통이 잘 되는지 살피며 문장을 엮어 가야 한다. 처음부터 독자가 호기심을 갖고 작가에게 끌려오도록 유도하지 않으면 안 된다. 작가와 독자가 소통이 잘 되는 수필이어야 좋은 수필이라고 할 수 있다.

수필가 한성덕은 목사로서 다양한 신도들과 접촉하다 보니 폭넓은 간접 경험이 농축되어 좋은 수필소재를 많이 확보하고 있을 줄 안다. 수필가로서는 그게 큰 자산이 될 것이다.

수필가 한성덕 목사는 지극정성의 애처가이다. 대학시절부터 연애를 했을 뿐 아니라 가난한 신혼시절을 거치면서 애정이 더욱 깊어졌기 때문일 것이다. 더구나 사랑하는 아내가 유방과 갑상선이라는 두 가지 암과 싸우는 걸 보면서 남편인 자신이 할 수 있는 일이란 하나님에게 눈물로 기도하는 일밖에 없었을 테니 얼마나 무력감을 느꼈겠는가? 다행스럽게도 하나님께서 한성덕 목사의 눈물의 기도를 받아들여 치유의 은사를 주셨다. 이거야말로 이들 부부에게는 제2의 탄생이나 다를 바 없을 것이다.

한성덕 목사는 포옹하기를 좋아한다. 포옹은 사랑의 표시다. 성직자인 한성덕 목사는 그 포옹이 생활화 되어 있다. 아내나 딸들 그리고 연로한 신도들에게도 필요할 때마다 포옹으로 포근한 마음을 전한다.

> 두 딸의 아버지로서 포옹하며 아이들을 키웠다. 어려서는 물론이요, 초등학교 입학 후에는 머리에 손을 얹어 기도로 학교를 보내면서 안아 주었다. 수업을 마치고 돌아오면 포옹으로 영접해서 자기 방으로 보냈다.
>
> 이것이 포옹요법이었나? 두 딸 모두 결혼했다. 남편과 함께 거실에 들어서면 내 품에 먼저 들어 왔다가 아내에게로 간다. 품에 안긴다는 것이 얼마나 기분 좋은 일인지 모른다. 그저 엔도르핀이 팡팡 솟는다.
>
> — 「포옹」 서두

수필가 한성덕 목사 부부는 딸들이 보는 앞에서도 포옹을 하고, 입맞춤을 하며 사랑을 표현한다. 그러니 딸들 역시 어려서부터 자연스럽게 본받았을 것이다. 그렇다고 한성덕 목사가 모든 여성 신도들을 포옹하는 것은 아니다. 연세가 많은 분이나 병환 중인 신도 그리고 임종을 앞둔 신도들을 다정하게 안아준다고 한다. 얼마나 인간적인 정감을 느끼겠는가?

전주시 평화동 3가에 있는 은혜림교회 신도들은 행복할 것이다. 언제나 웃는 얼굴에 부드럽고 다정다감한 목소리, 따사로운 인간미를 지닌 한성덕 담임목사의 사랑을 받을 수 있으니 말이다. 그의 그러한 품성은 그가 빚어내는 수필에서도 그대로 드러나기 마련이다.

기독교 신도가 수필 쓰는 목사를 만난다는 것은 축복이요 행운이다. 수필 쓰는 목사를 만나기가 그리 흔치 않은 일이기 때문이다.

예수의 수사학이란 게 있다. 첫째, 아흔아홉 마리의 양을 버려두고 길 잃은 한 마리의 양을 찾아나서는 이야기는 유목민을 위한 수사다. 둘째, 짐을 버려두고 땅에 떨어진 한 알의 곡식을 줍는 농부의 이야기는 농경민을 위한 수사다. 셋째, 집을 나간 탕자가 돌아오자 오히려 더 성대한 잔치를 열어주는 이야기는 자식을 키우는 부모를 위한 수사다. 이 지구에 70억 인구가 산다지만 그 인구는 누구나 이 세 가지 부류 중 어느 하나에 속할 것이다. 이러한 예수의 마음으로 수필을 쓰는 것도 좋지 않을까 싶다. 수필은 평범한 일상사를 참신하게 해석하는 과정에서 문학성을 얻게 되는 법이다.

수필가 한성덕 목사는 만남을 소중하게 여긴다. 그 만남이란 제목이 그의 수필이란 그물망에 걸렸다.

> 인생은 늘 만남으로 이루어진다. 산다는 것 자체가 만남이다. 내가 너를 만나고 네가 나를 만나는 것이다. 역사의 만남, 자연의 만남, 종교의 만남이 있다. 종교야말로 인생의 가장 깊은 만남이다. 하나님을 만나고, 부처를 만나고, 공자를 만난다. 진리의 절대자를 만나려는 노력이 곧 종교가 아닌가?
>
> ― 「행복한 만남」 서두

그렇다. 인생은 만남의 연속이다. 부부로서의 만남, 부모와 자식으로서의 만남, 스승과 제자로서의 만남 등 만남의 종류도 많다.

한성덕 목사는 2015년 3월부터 신아문예대학 수필창작 수요반에서 처음으로 수필을 만났다. 그는 처음부터 물 만난 고기처럼 매주 한 편씩 수필을 빚었다. 마침내 1년 만에 수필가로 등단했고, 첫수필집을 상재하기에 이르렀다. 진도가 빠른 셈이다. 한성덕 목사는 20여 명의 수강생들과 더불어 격의 없이 지낸다. 분위기를 즐겁게 바꾸는 분위기 메이커 역할을 잘 한다. 때로는 방송국 성우처럼, 또 어떤 때는 개그맨처럼 수강생들을 웃긴다. 강의실에서는 근엄한 목사가 아니라 다정한 이웃 아저씨처럼 문우들에게 다가간다. 나이의 고하는 문제가 아니다.

수필은 수필가가 독자를 가르치는 글이 아니라 독자가 느끼게 하는 글이어야 한다. 좋은 수필을 쓰려면 우선 참신한 소재를 찾을 수 있는 능력을 갖추어야 한다. 그러기 위해서는 육안肉眼 만으로 소재를 찾아서는 안 된다. 심안心眼과 영안靈眼까지 동원해야 한다. 이때 무한한 상상력을 잘 버무려야 좋은 수필을 빚을 수 있다.

수필가 한성덕은 서울에서 총신대학교에 다닐 때 고학을 했었다. 어느 교회에서 교육전도사로 일한 적이 있었다. 남대문 뒤에 있던 그 교회가 봉천동으로 옮겨 건물을 신축하고 있을 때였다. 일이 고달파서 몸살을 앓게 되었다. 어느 날 밤 끙끙 앓다가 눈을 떠보니 그 교회 권사 한 분이 삼계탕을 끓여 와서 먹으라는 것이었다. 얼마나 고마웠겠는가?

아는 사람 없이 서울에 들어선 무주 촌놈이었다. 그 일로 인하여 뼈에 사무치도록 어머니가 보고 싶었다. 삼계탕 앞에서 어머니 생각과 권사님의 사랑이 뒤엉키면서 하염없이 울었다. 그야말로 눈물의 삼계탕이었다. 최고의 맛이요, 별미 중의 별미였다. 새날에는 거짓말처럼 몸이 상쾌하고 깃털처럼 가벼웠다. 아픈 것이 사라졌다. 사랑을 먹고 눈물의 삼계탕을 먹은 까닭이었다.

– 「눈물의 삼계탕」 중에서

웃음이 있는 사람에겐 가난이 없다고 했던가? 수필가 한성덕 목사가 바로 그런 분이 아닌가 싶다. 한성덕 목사는 평소에도 잘 웃는 분이다. 오죽하면 잠자리에 들기 전 부부간에 실컷 웃으면서 하루의 스트레스를 벗어버리겠는가?

"좋은 글을 쓰려면 아무리 작고 초라하며 남루한 사물, 사소한 현상이나 사건이라도 성실하고 꼼꼼하게 들여다보는 습관을 가져야 한다. 거기에 내 마음을 투영해서 대상과 끊임없이 교감하는 일도 게을리 해서는 안 된다. 관계되는 책을 읽어보고, 그에 대해 잘 아는 사람을 만나서 얘기도 들어보고, 직접 가서 눈으로 확인하는 번거로움도 기꺼이 감수할 줄 알아야 한다."

문학평론가 송준호 교수는 글을 쓰는 이들에게 이런 귀띔을 해 준 적이 있다. 수필을 쓰는 사람의 바람직한 태도를 제시한 것이다. 우주만물이 모두 수필의 소재가 되듯이 수필가 한성덕에게는 무엇이나 초점이 맞추어지면 수필로 빚어진다. 결혼한 지 석 달 만에 둘째딸 시부모와의 여행도 당연히 한 편의 수필로 엮어졌다.

우리 차 9인승 카니발에 짐을 싣고 6명이 탑승했다. 핸들을 잡으면서 그랬다.

"이번 여행의 운전을 책임진 한 기사입니다. 우리 가족의 안전을 위해서 최선을 다하겠사옵나이다."

웃음과 함께 박수가 터져 나왔다. 이런 시작이라면 분위기를 띄울 만도한데 메아리가 마실을 갔나보다. 차창 밖의 풍광만이 우리의 유일한 즐거움이었다. 딱히 할 말도 없지만 이것저것 묻는 것도 실례가 되는 것 같아 '침묵은 금이다.' 싶었다.

—「사돈」 중에서

사돈이란 어려운 관계다. 그런데 양가 부모와 신혼부부가 함께 차를타고 여행을 떠난다는 것은 예삿일이 아니다. 서먹서먹하던 사돈끼리도 부안에 도착하여 식사를 하며 입이 열리기 시작했다. 한 목사가 사위를 칭찬하자 사돈의 입에서는 딸의 칭찬이 이어졌다.

바닷가 콘도에서 딸과 사위가 마련한 바비큐를 배불리 먹고 방으로 돌아가 사돈은 며느리와, 한 목사는 사위와 각각 팀을 이루어 윷놀이를 했다. 희비가 엇갈리고 웃음이 터지는 윷놀이로 가슴이 열린 사돈들은 처음의 서먹했던 분위기와 감추고 싶었던 비밀, 흉이라도 잡히면 어쩌나 하는 노파심도 벗어날 수 있었다. 사돈과의 1박2일 여행은 두 집안을 가로막던 벽을 허문 즐거운 여행이었다.

수필쓰기는 자신의 삶을 되돌아보는데서 시작된다. 그러니 그 삶의 내용과 폭이 깊고 넓으면 그만큼 더 다채로운 수필이 태어날 것이다. 수필가 한성덕 목사의 삶도 파란만장했다. 그의 결혼 이야기로 거슬러 올라가 보자.

수필가 한성덕은, 結婚은 結魂이라고 했다. 그럴 듯한 표현이다. 사실 결혼이란 육체적 결합만이 아니라 영혼과 영혼의 깊은 악수가 아니겠는가?

한성덕은 가난한 신학생이었으니 신혼여행은 꿈도 꿀 수 없었다고 한다. 신혼 첫날밤을 호텔에서 보내면 좋으련만 호텔비가 없었고, 여관엔 갈 수 없으니 어디로 갔을까?

> 그날 밤(첫날밤) 우리는 사역지인 교회 지하실에서 지내기로 했다. 새로운 인생을 열었으니 기도로 시작하자는 의미가 아니다. 갈 곳이 없는 신혼부부의 딱하고 처량한 신세일 뿐이었다. 방석이 수북하게 쌓이고 퀴퀴한 냄새가 진동했다. 양복과 한복을 입은 채 꼭 껴안았다. 우리는 서로 의지하고 사랑하며 살자는 다짐이었다. (중략) 결혼 첫날밤을 비몽사몽 간에 보냈다. 그래도 지금의 우리 부부는 그 누구 못지 않게 아끼고 사랑하며 존중히 여기는 마음으로 살고 있다.
>
> —「결혼, 그 첫날밤에」 중에서

신혼 첫날밤을 이렇게 교회 지하실에서 보낸 부부가 또 어디에 있을까? 가난한 신랑의 뜻에 순순히 따라준 신부가 얼마나 고마웠겠는가?

수필은 독자에게 느끼고 생각할 여지를 남겨놓아야 좋은 수필이 될 수 있다. 수필가가 흥분하면 독자는 구경꾼이 되고 만다. 수필가라면 누구나 머리에 담아두어야 할 교훈이다.

수필은 거짓 없는 자화상이라 할 수 있다. 부끄러움을 무릅쓰고 자기를 발가벗겨 들어내야 한다. 수필가 한성덕 목사의 신혼 첫날밤 이야기도 아무나 털어놓을 수 있는 이야기는 아니다.

> 예뻐지고 싶은가? 미소 띤 얼굴로 늘 싱글벙글하면 된다. 서로간의 간격을 좁히고자 하는가? 웃음을 머금고 살며시 접근하면 성공이다. 원만한 사회생활의 파트너를 구하는가? 웃음으로 가득한 사람 중에서 찾으면 된다. 그대의 웃음은 억만금의 가치가 있으니 웃고 살아야 한다. 건강을 염원할 때도, 어른을 대할 때도, 친구를 만날 때도, 가족 간에도 늘 웃어야 한다. 행복의 요건 중 으뜸은 웃음이다. 이 웃음에서 언어의 짙은 향기가 묻어나기 때문이다.
>
> –「언어의 향기」 중에서

수필가 한성덕 목사는 스스로 웃음전도사라고 칭한다. 그러기에 언제 어디서나 잘 웃는다. 그렇게 잘 웃다 보니 스스로 행복하고 즐겁다. 그가 있는 곳에는 언제나 웃음꽃이 맴돈다.

수필이란 관조의 눈으로 본 것을 철학의 체로 걸러서 산문으로 쓴 시라고 한 이가 있다. 간결하게 정의를 잘 내린 표현인 것 같다. 문학은 감동의 예술이다. 특히 수필은 더 그렇다. 감동 없는 문학작품은 향기 없는 조화造花에 지나지 않는다. 수필가 한성덕 목사의 수필에서 독자가 감동을 받는 것은 그의 수필이 조화가 아니라 생화生花이기 때문일 것이다.

3. 수필가 한성덕 목사의 앞날을 위하여

문학의 길은 끝없는 수도의 길이다. 자신의 글이 늘 미완성이라 생각하고 구도자의 자세로 겸허히 글을 써야 할 것이다. 그렇게 노력한다면 이윽고 그의 글은 어느 경지에 오르게 될 것이다.

수필은 삶의 문학이며 정의 문학이다. 삶의 다양한 문제를 수필의 주제로 다루면서, 문제를 자신만의 방식으로 풀어나가는 글이어야 한다.

60대 중반인 수필가 한성덕 목사는 세 가지 꿈을 갖고 있다. 첫 번째는 전주에 무주학사관을 건립하여 무주 출신 어려운 고등학생 100명을 수용하려는 꿈이다. 가난한 고향 후배들에게 얼마나 큰 도움이 되겠는가? 두 번째는 은퇴목회자를 위한 실버타운을 건립하고 싶다는 꿈이다. 노후 대비가 제대로 되지 않는 퇴역 목회자들에게는 얼마나 좋겠는가? 세 번째는 수필쓰기에 매진하여 기독교문학을 꽃피우고 싶다는 꿈이다. 기독교를 신봉하는 문인들에게 그들만의 문학상을 제정하고 그들의 작품을 발표할 수 있는 문예지를 창간한다면 기독교문학은 더 활성화될 것이다. 이 세 가지 꿈은 수필가 한성덕 목사라면 능히 이룰 수 있으리라 생각한다. 꿈은 이루어진다고 하지 않았던가? 또 간절히 기도를 하면 하나님께서 꼭 이루어 주시리라 믿는다.

수필가 한성덕 목사에게 몇 가지 당부를 하고 싶다. 앞으로 수필을 빚을 때 주제가 선명하고 그 주제와 내용이 잘 맞도록 쓰라고 권하고 싶다. 또 문장은 읽기 쉽고 이해하기 쉽게 쓰면 좋을 것이다. 문장은 짧고 간결하게 쓰고, 멋과 재치가 넘치며, 재미가 있도록 쓰라고 당부하고 싶다. 착상이나 표현이 기발하거나 뛰어나야지만 자만이나 자기과시는 피하는 것이 좋다는 점을 명심하기 바란다.

불광불급不狂不及의 정신으로 쉬지 말고 수필의 길을 뚜벅뚜벅 걸어가라고 부탁하고 싶다. 수필의 길에는 정년이 없다는 점을 마음에 새겨두기 바란다.

한성덕 수필집

단, 하루만이라도

인쇄 2016년 11월 26일
발행 2016년 11월 30일

지은이 한성덕
발행인 서정환
펴낸곳 신아출판사
주소 전북 전주시 완산구 공북 1길 16(태평동 251-30)
전화 (063) 275-4000 · 0484 · 6374
팩스 (063) 274-3131
이메일 shina2347@naver.com sina321@hanmail.net
출판등록 제465-1984-000004호
인쇄 · 제본 신아출판사

저자와 협의, 인지는 생략합니다.
잘못된 책은 바꿔 드립니다.

ISBN 979-11-5605-397-2 03810
값 13,000원

이 도서의 국립중앙도서관 출판예정도서목록(CIP)은 서지정보유통지원시스템 홈페이지(http://seoji.nl.go.kr)와 국가자료공동목록시스템(http://www.nl.go.kr/kolisnet)에서 이용하실 수 있습니다.(CIP제어번호: CIP2016028977)

Printed in KOREA